어린것들은 예쁘다

어린것들은 예쁘다

권혜선 수필집

부나비

책을 펴내며

폰이 열리지 않는다. 전화를 받을 수는 있는데 걸 수는 없다. 일상이 멈췄다. 매일 무의식적으로 사용하던 패턴이 까맣게 생각이 나지 않다니 벌써 치매가 시작된 것인가. 불안이 엄습한다.

열 수 있는 방법을 찾아보려고 컴퓨터를 켰다. 검색을 할 수 없다. 우리 집은 오지가 아닌데도 불구하고 인터넷이 들어오지 않는다. 임시방편으로 몇 년간 휴대폰 데이터를 테더링해서 쓰고 있다.

공장초기화를 시키려고 서비스센터를 방문했다. 기다리는 동안 나와 같은 서비스를 받으러 온 사람들이 몇 있다. 그들의 나이를 가늠하니 나와 비슷하거나 많아 보였다. 나만 그런 것이 아니라는 것에 조금 위안이 된다.

그동안 아무 생각 없이 사용했던 스마트폰의 기능들이 우리 일상을 편리하게 해주었다. 차를 타고 은행에 가야 볼 수 있는 업무도, 물건을 살 때 마트를 가지 않아도 살 수 있고,

운전할 때 길 안내, 궁금하거나 모르는 것들도 검색할 수 있는 휴대폰의 많은 기능들을 다 찾아서 쓰지도 못하고 있다. 기계를 초기화하자 나의 뇌 기능도 함께 멈췄다. 기억할 수 있는 전화번호가 없다. 완전 블랙아웃이다. 세상이 변화하는 속도보다는 느리지만 어찌어찌 따라는 가고 있었는데 이제 한계가 온 것 같다.

나이를 먹는 것과 함께 내 몸의 기능들은 쇠퇴하고 있다. 더 퇴보하기 전에 기억이 더 흐려지기 전에 책을 묶으려고 한다. 등단 18년 만이다. 여적 책을 한 권도 묶지 않았다. 그 이유의 첫 번째는 게을러서 부지런히 글을 쓰지 않아서고, 두 번째는 수필이라는 장르가 내 주관적인 생각이나 체험을 쓸 수밖에 없으므로 내 짧은 소견이 만천하에 들통나는 것이 부끄럽기 때문이다. 부끄러움을 무릅쓰고 이제야 용기를 내어 본다. 그동안 썼던 글들을 정리하면서 나를 돌아보는 계기도 되었다.

지금껏 살면서 음으로 양으로 나를 지지하고 격려해 준 모든 분께 이 기회를 빌려 고맙고 감사한 마음을 전합니다.

2024년 7월
권혜선

축하의 글

수필가 권혜선의 인간미와 문학

수필가 **김선화**

솔직담백한 안동 권씨의 풍모

"하하하, 안동 권가예요. 이래 봬도 뼈대 있다고요."
 25년 전일까. 그와 처음 만나 나눈 대화 중 가장 기억에 남는 대목이다. 사람 사귀는데 다소 낯가림하는 내 눈에 자그마한 체구에 야무진 여인이 쏙 들어왔다. 시간을 거스르듯 어찌나 반듯한지 골격 든든한 집 한 채를 떡 받치고 있는 느낌이었다. 시골 사람답게 설렁설렁한 나는 생활에 절도가 밴 그의 매력에 무조건 이끌렸다.
 이웃으로 연이 닿아 문학으로 맺어진 두 사람은 드문드문 눈을 맞춰도 마음을 읽어내는 사이가 되었다. 특별히 약속하지 않고 길을 가다 우연히 만나도 만리장성을 쌓았다. 그의 집에 들러 얻어먹은 밥이 세기 어려울 정도다. 경상도 태생이나 일찍이 서울로 유학 와 사춘기를 겪은 그의 이야기에는 묵히기 아까운 우수가 담겨 있었다. 어느 때는 뜨끈한 누룽지 한 그릇을 앞에 두고 그의 시대적 서사에 가슴 젖었고, 내면에 그득 고인 문학성이 엿보여 선배 노릇을 좀 하였다.

고풍적 향취와 객관적 시사

권혜선, 그의 문학적인 면을 간략히 어필하자면 고풍적 향취와 객관적 시사에 힘이 실린다. 「유택」, 「유랑」, 「청포도」, 「달밤」 안의 '아버님 전상서' 등에서 사람살이의 고뇌와 시사성을 발휘하는데 그의 깔끔한 성격대로 문장이 늘어지지 않는다. 간결한 문체로 에둘러가며 공감대를 형성하는 여운 처리에 탁월하다. 어느 대목에서는 눈물겨운 이야기에 해학이 붙어 심리적 여유를 맛보게 한다. 특히 아버지 손에 이끌려 오빠 집에 깃든 자신의 유년 시절을 돌아보는 대목이 남의 둥지에 알을 낳고 무사히 키워지길 바라는 뻐꾸기의 부모로 비유되는데, 「뻐꾸기」란 글에선 목구멍으로 넘길 수 없는 외로움이 잔잔히 물결친다.

어려서부터 눈치가 빠르고 아는 것이 많았던 작가 「알분이』는 언니를 여의고 애 삭이는 영상에서 서사의 극치를 보여주는데, 일곱 살 나이로 철이 다 들어 어머니의 심중을 읽어내는 「어에꼬」를 생산해내기에 이른다. 문자로 꿰어진 글꼴 갖춘 문장이야 그의 나이 지긋한 50줄에 선보였지만, 객관적 시사로서의 문학성은 그때 이미 보유하고 있었다. 질병으로 딸자식을 놓친 어머니의 쉰 목소리에 의식이 들러붙은 딸은, 차마 슬픔을 게워내지 못하던 모성의 가슴 자리를 눈 밝게도 보아버렸던 것.

근래 만나기 어려운 겸손하기 그지없는 성품의 소유자 수필가 권혜선. 등단 18년 만에 묶는 첫 수필집에 추천의 글을 얹게 되어 기쁘다. 그의 담백한 문체를 높이 사며, 올곧게 살아온 삶을 귀하게 여긴다.

어린 것들은 예쁘다

까맣고 초롱초롱한 눈에 호기심을 가득 담고
살금살금 다가와 빤히 바라본다.
귀여워서 머리라도 쓰다듬을라치면
움찔하며 뒤로 물러난다. 곁을 주지 않는
놈이 얄밉지만 그래도 예쁘다.

권혜선 수필집

차례

○ 책을 내며 4
○ 축하의 글 | 김선화 6
○ 서평 | 이상렬 233

1. 어에꼬

알분이 ··· 17
뻐꾸기 ··· 23
어에꼬 ··· 27
청포도 ··· 36
배웅 ··· 39
아버지의 손 ··· 44
유랑(流浪) ··· 49
달밤 ··· 54
개미 ··· 58
왜 키가 작아요 ··· 63
큰일 낼 여자 ··· 71
전설따라 삼천리 ··· 75

2. 무심도 병이다

박노인의 제사 … 83
도깨비에 홀리다 … 87
까치와 직박구리와 나 … 93
숨바꼭질 … 98
그녀가 궁금하다 … 103
어린것들은 예쁘다 … 110
무심도 병이다 … 115
오늘도 낚였다 … 120
자아도취 … 127
기로에 서다 … 133
그래서 우린 친구야 … 138

3. 해봐야 안다

유택(幽宅) ··· 145

해봐야 안다 ··· 150

몽실이 ··· 153

마지막 소원 ··· 156

위로가 되었던 한 구절 ··· 161

초콜릿 ··· 166

그해 겨울 ··· 171

독수리 사형제 ··· 178

시동생의 주말농장 ··· 183

외면 ··· 191

예쁜 딸 ··· 195

4. 오르지 못할 나무는 없다

어머니를 향한 절절한 사모곡(思母曲) … 201
해석이 필요해 … 206
마음을 비춰보다 … 211
꽃으로 문질러 쓴 애달픈 인생 이야기 … 216
오르지 못할 나무는 없다 … 226

1.
어에꼬

내 눈에선 주르륵 눈물이 흘러나왔다. 일찍 세상을 떠난 언니와 오빠를 생각하며 눈물을 흘려본 것은 그게 처음이었다. 그러나 이후에도 나는 엄마에게 오빠에 관해서 묻지 못했다. '어에꼬, 어에꼬.' 비명처럼 신음처럼 터져 나오던 엄마의 음성이 나를 제지했기 때문이다. 엄마가 언니와 오빠 만나러 가신 지도 6년이 되었다.

알분이
뻐꾸기
어에꼬
청포도
배웅
아버지의 손
유랑(流浪)
달밤
개미
왜 키가 작아요
큰일 낼 여자
전설따라 삼천리

알분이

　수필 수업을 마친 뒤 문우의 차를 얻어 타고 오면서, 자연스럽게 글쓰기의 어려움에 관한 이야기를 나눴다. 이런저런 의견을 주고받다가 잠시 대화가 끊겼다. 정적을 깨고 그가 나에게 물었다.
　"권 선생에게 나 할 얘기가 있는데 해도 될까?"
　뭐 이렇게 비장하지? 여태 떠들어댄 건 이야기가 아닌가.
　"예, 괜찮아요. 뭐든 말씀하세요."
　싹싹하게 웃긴 했지만 긴장되는 것은 어쩔 수 없었다. 그녀는 조금 더 상냥한 목소리로 말했다. 가끔 내가 수업 중에 끼어들어 선생님의 말문을 막는다며 주의를 해줬으면 좋겠단다. 선생님의 말씀을 하나라도 놓칠세라 귀를 기울이고 집중하고 있는데 내가 끼어들어 이야기의 맥을 끊어 놓은 적이 여러 번 있었고, 그럴 때마다 눈치를 주었는데 내가 알아차리지 못하더라는 것이다. 순간 당황스럽고 무안하고 민망하고 약간 부아도 났다. 내가 정말 수업에 방해가 될 정도로 쓸데없는 말을 많이 했나, 의심스럽기도 했다. 그래도 충고해준 사람의 성의(?)를 봐서 언짢은 티를 내면 안 될 것 같았다. 짐짓 아무렇지도 않은 듯이 내가 모르고 있는 사실을 이야기해주어 고맙다고 했다. 그녀와 헤어져 혼자 집으로 오는 내내 그 이야기가 머리에서 떠나질 않았다. 집에 거의 도착했을 때 불현듯 어렸을 때 어른들의 이야기에 끼어들었다가 둘째 언니한테 된통 맞은 기억이 떠올랐다.

 때는 내가 초등학교 1학년 겨울, 둘째 언니가 서울에 가서 편물 기술을 배워 기계를 사가지고 왔다. 동네 사람들은 생전 처음 보는 신기한 기계를 구경하러 우리 집으로 몰려왔다. 언니는 기다란 기계에 뜨개실로 코를 걸고 앞으로 차르륵 뒤로 차르륵 밀면서 옷을 짰다. 처음엔 엄마의 스웨터와 속치마를 짰다. 엄마가 입은 스웨터를 보고 사람들이 주문하기 시작했다. 그해 겨울 동네 사람들 거의가 언니가 짠 스웨터와 속치마를 입었다. 겨울이 지나자 인근 마을에까지 소문이 나 다른 마을 사람들에게서도 주문이 들어왔다.

언니는 주문을 받으면 안동 시내에 가서 주로 장미 505사(絲)를 사 왔다. 타래로 된 실을 감는 것은 엄마와 내가 번갈아 했다. 방학이 되자 실 감는 일은 주로 내 차지가 되었다. 주문이 많이 들어와 엄마는 앞판과 뒤판 소매를 꿰매는 마무리 작업을 하셨다. 나는 친구들과 놀지도 못하고 붙잡혀 물레에 실타래를 걸고 실을 감았다. 왼쪽 검지에 초를 대고 감았는데 나는 손가락이 갈라지도록 많이도 감았다. 실에 초를 먹이지 않으면 기계에 걸려 고장이 나기 때문에 반드시 초를 먹여야 했다.

　언니는 안방 윗목 벽 앞에 기계를 설치해 놓고 벽을 바라보고 앉아 옷을 짜고, 나는 언니 뒤에 앉아 물레를 돌려 실을 감았다. 친구들이 우리 집으로 놀러 와도 내가 실을 감고 있어서 같이 놀지 못하자 잘 오지 않았다. 대신 어른들은 우리 집을 수시로 드나들었다. 옷을 주문하려는 사람과 찾으러 오는 사람, 그냥 마실을 오는 사람들로 언제나 북적였다. 나는 어른들 틈바구니에 앉아 실을 감으면서 그들이 하는 이야기를 들었다. 어른들의 말을 이해하지는 못했지만 기억력이 좋은 나는 그 말들을 기억하고 있었다. 들은 것이 많은 나는 아는 것도 많았다. 사람들이 무슨 이야기를 하면 내 기억창고에 저장되어 있던 것들이 튀어나와 참견을 했다. 내가 그들의 대화에 톡톡 끼어들면 양념이라도 되는 듯 때로는 웃기도 했고, 때로는 이야기 상대가 된다고 좋아하기도 했다. 성격 까칠한 언니도 내 끼어들기에 대해서는 별말이 없었다. 나는 우쭐해져서 그 빈도가 점점 심해졌다.

그러던 어느 날 일이 터지고 말았다. 여느 날과 마찬가지로 나는 그들의 대화에 끼어들어 무슨 말인가를 쫑알거렸다. 그런데 갑자기 대화가 끊기며 방 안의 분위기가 싸~아해졌다.

"니는 아는 것도 많다. 알분이가 따로 없다. 따로 없어."

누군가 나에게 퉁을 주자 방 안의 분위기는 더 어색해졌다. 그리곤 사람들이 모두 자리를 떴다. 언니는 사람들이 돌아가자 참고 있던 화를 터트렸다.

"니 사람들 말할 때 왜 참견을 하노? 으응, 또 자꾸 끼어들래? 으응"

나는 평소처럼 했을 뿐인데 언니가 왜 나를 때리는지 이해할 수 없었다. 밖에 나갔다 들어오던 엄마가 나를 구하지 않았으면 나는 그날 살아남지 못했을 것이다. 나는 뭘 잘못했는지도 모르고 맞은 것이 억울해 저녁때까지 '으윽, 으윽' 딸꾹질을 하며 울음을 그치지 않았다. 그날 이후 우리 집에 자주 놀러 오는 사람들은 내가 무슨 말만 하면 '알분이'라고 놀렸다. 언니가 결혼하여 집을 떠나자 사람들도 우리 집에 모일 이유가 없어졌다. 자연히 '알분이'도 잊혀졌다.

그때 이후로 나는 남의 이야기에 끼어든다는 사실을 전혀 인식하지 못했다. 아무도 나에게 그런 말을 해주는 사람은 없었다. 오히려 정기적으로 만나는 모임에 내가 참석 못 했을 때 내가 없어서 재미없었다는 말을 들었다. 인사로 한 말을 내가 곧이곧대로 듣고는 우쭐했는지도 모르겠다.

내가 남의 이야기에 끼어드는 나쁜 버릇이 아직도 있다면 고쳐야 되겠다는 생각이 들어서 그 다음 수업 시간에 녹음을 해봤다. 숨도 쉬지 않고 빠르게 말하는 내 목소리가 낯설었다. 내가 쓸데없이 말이 많기는 많구나! 얼굴이 화끈거리고 손발이 오글거렸다.

말만 많을 뿐, 막상 어디 가서 자기소개나 인사말 같은 것을 하라고 하면 무슨 말을 해야 할지 머릿속이 백지상태가 된다. 상황에 맞지도 않는 말로 횡설수설 얼버무리고 만다. 이런 내가 이상하게도 사람들과 대화할 때 상대방의 이야기를 듣고 있으면 어떤 생각들이 마구 떠오른다. 생각이 떠오르면 나도 모르게 상대방의 말꼬리를 자르고 끼어들고 만다. 어느 때는 이야기에 너무 심취한 나머지 흥분하여 목소리가 점점 커지는 것도 모르고 수다를 떤다. 체력이 약한 나는 다음 날 몸살을 앓으면서도 수다를 멈출 수가 없다. 나이 들수록 양기가 입으로 올라와 말이 더 많아진다는데, 품위 있게 조곤조곤 말하기는 이 생에서는 그른 것 같다.

뻐꾸기

요즘 나의 아침잠을 깨우는 것은 자명종 소리 대신 뻐꾸기 울음소리다. 6년 전 이곳 모락산 자락으로 이사와서 처음 뻐꾸기 소리를 들었을 때는 귀를 의심했다. 처음에는 뻐꾸기시계가 시간에 맞춰 "뻐꾹 뻐꾹" 우는 줄 알고 무심히 흘려들었다. 그런데 시계가 울릴 시간이 되지 않았는데 뻐꾸기가 울었다. '이게 어디에서 들리는 소리지?' 가만히 귀 기울여 들어보니 산 쪽에서 나는 소리다. '세상에, 뒷산에서 뻐꾸기가 우는구나!' 그때부터 나는 내가 살고 있는 이곳이 좋아지기 시작했다.

이른 아침 뻐꾸기들은 "뻐어꾹 뻐어꾹." 느긋하게 울다가 갑자기 "뻐뻐꾹, 뻐꾹."하며 다급하게 울기도 한다. 다급한 뻐꾸기 소릴 듣고 있으면 남의 둥지에서 크고 있는 새끼들에게 무슨 위급한 일이 생겨서 저리 우나 하는 생각이 들기도 한다.

봄이 가고 초여름이 시작되면 간간이 들리던 뻐꾸기 소리들이 어느 때부터는 아주 힘차게 들린다. 뻐꾸기가 힘차게 울어대는 그때쯤이면 나는 한 차례씩 계절병을 앓곤 한다. 이 계절병은 어린 시절에 대한 그리움이기도 하고 아버지에 대한 그리움이기도 하다.

내 그리움의 빛깔은 보랏빛과 핏빛이다. 보랏빛은 아버지가 소에게 줄 꼴풀 속에 들어 있던 엉겅퀴꽃의 색깔이고 핏빛은 산딸기 색이다. 엉겅퀴는 가시가 있어 소가 먹지는 않지만 다른 풀들에 섞여서 함께 온 것이고, 산딸기는 아버지가 풀을 벨 때 잘 익은 산딸기가 있으면 그것을 어린 자식들에게 주려고 줄기 채 걷어서 바소쿠리에 얹어서 가지고 오신 것이다. 아버지는 지게를 내려놓으며 나와 동생을 불러 딸기를 건네주곤 하셨다. 엉겅퀴꽃도 산딸기도 모두 뻐꾸기가 울 때가 한창인 것들이다. 엉겅퀴꽃이 꽃다운 자태가 없는데도 내 뇌리에 강하게 남아 있는 것은 어쩌면 그것의 줄기에 붙은 잎이 아버지의 거친 손을 닮아 있어서 인지도 모르겠다.

나는 아버지 나이 쉰에 태어난 늦둥이 딸이다. 아버지는 당신이 나이가 많아 나의 성장을 다 지켜보지 못하고 세상을 떠날 것에 대한 두려움을 가지고 계셨다. 아버지의 그런 두려움은 내가 스물네 살이 되던 해 초겨울에 현실이 되었다. 아버지는 당신 생전에 내가 빨리 결혼하기를 바라셨다. 그래야 당신의 책무를 다하신 것으로 생각하신 것 같다. 하지만 난 그때까지 결혼하고 싶은 생각이 없었다. 그래서 나는 아버지의 소원을 들어드리지는 못했다. 아버지가 얼마나 오매불망 걱정을 하셨는지 내 결혼식 전날, 결혼식에 참석하려고 시골에서 하루 먼저 올라온 장조카가 오빠네 안방에서 잠을 자다 아버지가 갓을 쓰고 도포를 입고 오빠네 현관으로 들어오시는 꿈을 꾸었다는 것이다.

"아재요, 할배가 아지매 결혼식 보러 엊저녁에 오싯니더."

아버지가 꿈에도 잊지 못하고 걱정스러워하신 것은 어린 나이에 부모님과 떨어져 서울 오빠네 집으로 온 이후 행여나 올케의 눈칫밥이나 먹지 않을까 걱정이 많으셨다. 내가 방학 때 시골집에 다니러 가면 늘 측은하고 안쓰러워하셨다. 어느 겨울 방학 내가 새벽에 잠이 깼는데 어머니와 아버지가 내 걱정을 하고 계셨다.

"자 저렇게 방구 뀌다가 시집가서 소박맞으면 어앨꼬."

아버지의 걱정은 어쩌면 당연한 것이었는지도 모르겠다.

뻐꾸기가 남의 둥지에 알을 낳고 새끼를 키우는 것처럼 당신이 낳은 자식을 끝까지 책임지고 키우지 못하고 오빠에게 떠넘긴 것이 마음에 걸려서 인지도 모르겠다.

내가 아는 어떤 이는 뻐꾸기가 저보다 힘이 약한 새의 둥지에 알을 낳고 그 새의 알을 밖으로 밀어내고 자기 알을 품게 만든 얌체 같은 새라서 뻐꾸기 소리가 듣기 싫어졌다고 한다. 자식에 대한 책임과 의무를 다하지 않고 힘센 걸 빌미 삼아 편하게 살려고 하는 것 같아서란다. 그러나 나는 아버지가 나를 오빠에게 보내 놓고 걱정했듯이, 뻐꾸기도 남의 둥지에 알을 낳아 놓고 알은 잘 부화를 했는지, 부화했다면 죽지 않고 잘 자라고 있는지 걱정하는 마음에 둥지 주변을 맴돌며 여름 한철 온 산이 울리도록 울어대는 것은 아닐까 하는 생각이 든다.

계절이 바뀌어 겨울이 가고 또다시 여름은 올 것이고 온 산에 뻐꾸기 소리가 울려 퍼질 것이고 나는 또 계절병을 앓을 것이다.

어에꼬

열 살이던 어느 여름날, 봉당에 앉아 멍하니 마당을 바라보고 있었다. 지붕그림자가 선명한 선을 그으며 마당 안쪽을 차지하고 그늘 밖으론 햇살이 내리쪼였다. 흙마당에 닿은 볕이 잘게 부서져 아른아른 춤을 추며 다시 일어서면서 허공에 은미한 물결무늬를 만들었다. 나는 바로 그 허공의 보일 듯 말 듯 아롱대는 그것을 응시하고 있었다. 문득 노란 빛무리가 눈앞에 어른대는 것을 느꼈고 순간 말할 수 없는 쓸쓸함 속으로 빨려 들어갔다. 누가 툭 건드리기만 해도 눈물이 쏟아질 것만 같았다. 그때 다래끼*를 메고 소를 몰고 집을 나서는 엄마가 보였다.

"엄마, 나두 갈래."

"오긴 어딜 와, 이놈의 지지배."

그래도 나는 막무가내로 따라갔다. 엄마는 무수골 논에 물꼬도 보고 소에게 풀도 먹이고, 돌아오는 길에 산밭에 들러 호박이나 가지 같은 저녁 찬거리를 마련해올 요량이었을 것이다. 무수골은 뒷산을 넘어 한참을 구불구불 들어가야 하는 깊은 골이다. 엄마는 무수골 가는 중간쯤의 골짜기에 소를 풀어 놓았다.

"내 얼른 갔다 오마. 소 보고 있어라."

아무도 없는 산골짜기에 소하고 나 둘만 남았다. 소는 저 혼자서도 얌전히 풀을 잘 뜯어 먹었다. 나는 멍하니 앞산을 바라보며 손으로 풀을 쥐어뜯기도 하고, 나무꼬챙이로 땅바닥에 선을 직직 긋기도 하고 땅도 후벼 팠다. 그러다가 어디론가 부지런히 가고 있는 개미들의 행렬을 발견했다. 하얀 것을 이고 가는 놈, 자기 몸통보다 큰 것을 끌고 가는 놈, 앞만 보고 전진하는 놈, 무리에서 벗어나 곁길로 새는 놈, 나무둥치를 오르다가 떨어지고 다시 오르려 애쓰는 놈, 땅을 파는 놈 등 제각각이지만 모두가 분주했다. 한참을 들여다보다가 괜히 심술이 나서 나뭇가지로 개미들의 열을 흩어 놓았다. 개미들은 잠깐 열을 이탈해 동동거리다가 이내 다시 열을 만들면서 전진했다. 개미떼를 구경하는 것도 재미가 없어졌다. 뭘 해도 혼자 하는 것은 심심했다. 나는 길 쪽으로 황새처럼 목을 길게 빼고 맞은편 산을 향해 소리를 질렀다.

"엄마~~."

순간 새들이 푸드덕푸드덕 날아올랐고 그 소리에 소가 놀랐는지 미친 듯이 펄쩍펄쩍 뛰었다. 소가 뛰자 나도 놀라서 벌떡 일어나 고삐를 잡았다. 나는 날뛰는 소가 무서웠지만, 놈이 도망갈까 봐 손에 고삐를 돌려 감았다. 소는 잠시 주춤하더니 냅다 내달렸다. 나는 엉덩이를 뒤로 빼고 있는 힘을 다해 고삐를 잡아당겼다. 그러나 소는 내가 감당할 수 없을 만큼 힘이 셌다. 나는 이내 바닥에 엎어져 질질 끌려가면서도 소의 고삐를 놓지 않았다. 엄마가 일을 보고 내가 있는 곳으로 왔을 때 소는 유유히 풀을 뜯고 있었고, 나는 커다란 바위 옆에 피를 흘리며 엎어져 있었다.

"어에꼬오~, 어에꼬오~."

엄마의 음성이 희미하게 들렸다. 마치 선잠을 깬 것처럼 주변의 나무들이 시야에 얼핏 들어왔다 사라졌고 내 몸은 엄마의 등에 업혀 흔들리고 있었다. 엄마는 연거푸 가쁜 숨을 몰아쉬며 '어에꼬'만을 연발했다. 엄마가 늘어진 나를 한번 추스르자 내 머리를 싸맸던 손수건이 벗겨져 휙 떨어졌다. '엄마가 왜 나를 업고 갈까?' 잠시 그런 생각이 든 것도 같은

데….

 웅성거리는 소리에 눈을 떴다. 사랑방에 내가 누워있다. 문밖에서 어른들이 방안에 누워있는 나를 들여다보고 무어라고 하는데 알아들을 수는 없다. 몸을 움직이자 몹시 아팠다. 나는 그 상황을 이해하지 못한 채 다시 잠에 빠져들었다.

 어느 날 나는 일어나 앉았다. 엄마는 내가 여러 날 잠에서 깨지 않았다고 했지만 나는 낮잠을 자고 난 것처럼 멍할 뿐, 여러 날이 지났다는 것을 실감할 수 없었다. 거울을 봤다. 소한테 끌려갈 때 고삐가 목에 감겼는지 줄에 쓸린 자국이 선명하고 양 볼이며 턱과 코밑에 거무죽죽한 딱지가 앉아 있다. 왼쪽 골반과 배에도 주먹만 한 딱지가 있고 뒤통수에도 딱딱한 감촉이 느껴졌다. 나는 한동안 학교에 가지 못했다.

 아이들은 모두 학교에 가고 어른들은 들에 일하러 가면 동네는 적막이 흘렀다. 나는 방안에 누워 선잠이 들었다가 깨어나면 바깥의 기척에 귀를 기울였다. 이웃집 아주머니의 걱정스러운 목소리도 들려왔고 아버지의 기침 소리도 들려왔고 엄마의 한숨 소리도 들려왔다. 사람의 소리가 사라지면 소가 되새김하는 소리와 참새 소리, 바람 소리가 들려왔다. 소리들을 통해 나는 바깥 동정을 살피고 있었다. 누구도 언니 얘기를 한 것 같진 않은데 나는 3년 전 세상을 떠난 언니를 자주 떠올렸다. 그것은 엄마의 한숨 소리가 나의 기억 밑바닥에 가라앉아 있던 언니를 내 의식으로 들여온 것인지도 모른다.

3년 전 내가 아프기 시작한 그 날도 햇볕이 쨍쨍한 여름날이었다. 동네 아이들도 학교에 다녀온 언니도 보이지 않았다. 나는 언니한테 고분고분한 동생은 아니었지만, 언니는 나를 잘 데리고 다녔다. 언니가 친구와 냇가에 멱 감으러 가면 나도 따라가, 언니들이 개헤엄을 연습할 때 나는 얕은 곳에서 땅을 짚고 물장구를 치며 혼자 놀았다. 언니가 가는 곳이면 어디든 따라다니는 내가 귀찮았던가. 그날은 나를 따돌리고 언니는 어디론가 가고 없었다. 들에 가시는 엄마를 따라가겠다고 떼를 쓰다가 야단만 맞고 옆집 마루에서 훌쩍거리다 잠이 들었다. 해거름이 되어서야 깼는데 머리가 아팠다. 나는 앓아누웠고 얼마 후 언니도 앓기 시작해 학교에 가지 못했다. 언니는 윗방에 나는 사랑방에 각기 따로 누워있었다.

그러던 어느 날 한밤중에 설핏 잠이 깼다. 폐부를 찌르는 엄마의 울음소리와 수선스러운 사람들의 발소리를 들으며 까무룩이 다시 잠이 들었다. 아침이 되자 무거운 공기가 집안에 흐르고 나는 안방으로 옮겨졌다. 안방으로 옮기고 나서 오락가락하던 내 의식은 조금씩 명료해졌다. 조용한 시간이 느리게 흘렀다. 발걸음 소리와 목소리로 사람들의 기척을 느끼는 일이 유일한 낙이었다. 어느 날 마당으로 누군가 걸어오는 발걸음 소리가 들리고 곧이어 안방 문이 열리고 큰집 아지매의 목소리가 들려왔다.

"새닥, 뭘 좀 먹었는가. 이거라도 좀 먹어 보게."
"입이 소태같이 쓰니더. 물 한 모금도 안 넘어가니더."

엄마의 목소리는 가냘프고 힘겹고 위태로웠다. 나는 방안에 누워 엄마와 아지매가 나누는 대화를 헤아리려 애썼다. 일곱 살밖에 안 된 나는 '소태'가 무엇인지 몰랐지만, 엄마의 그 음성은 내게 말할 수 없는 슬픔을 자아냈다. 그러나 나는 울어선 안 된다고 생각했고 울지 않기 위해 눈을 질끈 감으며 이불을 뒤집어썼다.

내가 자리를 털고 일어났을 때 언니는 집안 어디에도 보이지 않았다. 나는 언니의 부재에 대해 묻지 않았고 또 아무도 언니에 대한 이야기는 하지 않았다, 마치 언니란 존재는 처음부터 없었던 것처럼. 일곱 살 아이에게 죽음의 이미지는 그렇게 각인되었다. 죽음은 무거운 침묵 같은 것, 그 사람에 대해서 아무도 얘기하지 말라는 어떤 존재의 명령 같은 것이었다. 무거워서 견디기 힘들지만 절대로 거역해서도 안 되는 그 명령을 우리 가족들은 엄숙하게 지켜갔다.

언니가 가고 난 이듬해 나는 초등학교에 입학을 했다. 쉬는 시간에 상급생들이 우리를 보러 운동장으로 나왔다. 생전 처음 동네 밖을 나온 나는 모든 것이 낯설었다. 모르는 여러 사람의 눈길을 받는 것은 어색하고 난감한 일이었다. 어리바리 고개를 움츠린 나를 향해 어떤 언니가 손가락으로 가리키며 작은 소리로 말했다.

"자가 순이 동생이래."

곁에 있던 언니가 조금 더 큰 소리를 냈다.

"쟤네 엄마는 쟈 죽었을 때 울지도 않았다며? 자식들이 많으니까 하나쯤 죽어도 슬프지 않았나 봐."

언니의 죽음 이후 언니의 이름을 부르는 것을 그때 처음 들었던 것 같다. 그들의 수군거림은 비수처럼 내 가슴에 꽂혔고 나는 아파서 비명을 지르며 엉엉 울고 싶었지만, 고개를 숙이고 입술을 깨물었을 뿐이다. 그리고 언니 이름을 부르면 안 되는 것인데, 저들은 죽음에 대해 아무것도 모르는구나 생각했다. 적어도 그때 나에겐 그들이 무례하거나 몰인정하기보다 무지하게 보였다. 무지한 그들은 연거푸 뭐라 떠들어대다가 종이 울리자 우르르 교실로 몰려갔고, 운동장에 남은 나는 교사 뒤편의 산등성이를 바라보고 서 있었다. 슬픈 것도 같고 분한 것도 같은 알 수 없는 묘한 기분이 들었다.

우리 식구들이 언니의 이야기를 하지 않았다고 해서 언니를 잊은 것은 아니다. 내가 중학생이던 어느 여름방학, 옆집 점방 마루에서 언니의 단짝이었던 자야언니가 나를 불렀다. 그녀는 나에게 뭔가 많은 이야기를 했는데 기억나는 것은 『데미안』을 꼭 읽어보라던 말뿐이다. 그날 밤 엄마는 잠자리에 들면서 혼잣소리를 했다.

"자야 가는 순이하고 그렇게 붙어 다니며 놀았는데, 어에 그래, 우리 집엘 한 번도 안 올꼬?"

낮에 우리가 옆집 마루에 앉아 이야기하는 것을 엄마가 본 모양이다. 옆집은 육촌올케가 홀로 점방을 하는 집으로 동네 사람들은 별다른 볼일이 없어도 오며 가며 그 집 마루에 앉아 이야기를 나누곤 했다. 내가 알지 못했던 오빠의 존재를 안 것도 그 마루에서였다.

언니 위로 오빠가 있었다는 것을 나는 까맣게 모르고 자랐다. 여고를 졸업하던 해였지 싶다. 육촌올케와 나는 예의 그 마루에 나란히 앉아 있었다. 무슨 말들을 주고받았는지 기억은 없지만, 이야기 중간에 올케언니는 느닷없이 이상한 질문을 던졌다.

"엑시 위에 순이 엑시 말고, 오빠 있었다는 거는 아는가? 아매 그 도련님도 열 살에 죽었을 낄세."

난 대답하지 못했다. 올케는 조심스레 내 표정을 살폈고, 나는 그녀의 태도가 거북해 자리를 피하고 싶었지만 일어날 용기가 나지 않아 주저앉아 있었다. 올케는 다시 말을 이었다.

"그때 아재가 도련님 신발을 가슴에 품고 통곡하는데 실성한 사람 같았네."

내 눈에선 주르륵 눈물이 흘러나왔다. 일찍 세상을 떠난 언니와 오빠를 생각하며 눈물을 흘려본 것은 그게 처음이었다. 그러나 이후에도 나는 엄마에게 오빠에 관해서 묻지 못했다. '어에꼬, 어에꼬.' 비명처럼 신음처럼 터져 나오던 엄마의 음성이 나를 제지했기 때문이다. 엄마가 언니와 오빠 만나러 가신 지도 6년이 되었다.

* 다래끼 : 아가리가 좁고 바닥이 넓은 바구니. 대, 싸리, 칡덩굴 따위로 만든다.

청포도

마당이 있는 집에 살게 되면 청포도를 심고 싶었다. 무더운 여름 포도 넝쿨 그늘에서 달콤하게 익어가는 포도 향기를 맡으며 책도 읽고 노을을 바라보며 아무 생각 없이 앉아 있는 것도 좋겠다는 생각을 했다. 귀촌을 하고 마당이 있는 집에 살게 되면서 나도 청포도 한 그루를 갖게 되었다.

우리 집 포도나무는 셋째 언니가 잘라 준 포도 줄기를 심어 뿌리를 내렸다. 두어 달 동안 잎사귀 몇 개만 피우고는 더 이상의 변화가 없었다. 저러다 죽을지도 모르겠다는 생각도 들었다. 그러나 어느 순간 줄기를 뻗고 샛가지를 치고 겨울도 잘 이겨내고 콩알만 한 포도알을 주렁주렁 매달고 있다. 고놈들이 기특해 포도나무 아래 서면 시간 가는 줄 모르고 들여다보게 된다. 남편도 틈만 나면 고개를 뒤로 젖히고 줄기들의 방향을 어디로 잡을까를 구상한다. 이젠 제법 그늘도 만들었다.

아마도 취학 전이었을 것이다. 옆집에 혼자 사는 육촌 올케언니가 동네에서 한 그루밖에 없는 청포도 줄기를 얻어다 심었었다. 올케언니는 구멍가게를 하고 있어서 늘 사람들이 드나들었다. 별다른 화젯거리가 없는 시골은 작은 변화에도 이목이 집중된다. 새로 심은 포도는 몇 날 며칠 사람들의 관심을 받았다. 언젠가 먹어 본 청포도의 달콤함을 잊을 수 없었던 나도 귀를 쫑긋하고 어른들의 이야기를 들었다. 누군가 "뿌리 내리기 전에 오줌을 누면 죽는다."고 한 말이 내 귀에 꽂혔다. '왜 오줌을 누면 포도나무가 죽을까?'라는 의문이 생기자 확인을 하고 싶어졌다.

어느 날 드디어 기회가 왔다. 올케언니도 집에 없고 지나다니는 사람도 없었다. 때마침 오줌까지 마렵다. 조금의 망설임도 없이 실행에 옮겼다. 우리 집 사립문을 나서면 바로 올케언니네 마당에 심은 포도가 보인다.

뒤가 켕긴 나는 곁눈질로 집을 나설 때마다 포도의 상태를 살폈다. 며칠이 지나자 잎사귀 몇 개 피워 올렸던 포도 줄기는 말라 죽고 말았다. 뿌리내리지 못하고 죽은 포도 줄기를 보고 사람들의 의견이 분분했다. 그 사람들 중 누군가가 오줌을 누었을 것이라고 했다. 동네의 몇몇 개구쟁이들의 이름이 거론되었지만 내 이름은 없었다. 아무도 범인이 나라는 것을 모른다는 것에 안도감이 들었다. 그러나 포도 줄기가 심겨 있던 자리를 볼 때마다 마음이 불편했다. 세월이 지나면서 불편했던 마음도 기억에서 사라졌다.

　포도 줄기를 땅에 묻고 뿌리를 내리고 잎이 피어나기를 간절히 기다리면서 잊고 있었던 유년의 기억들이 떠올랐다. 그때 내가 왜 그랬을까. 아이 보는 데는 찬물도 못 마신다고 했는데 왜 그럴까 하는 호시심이 낳은 해프닝이다.

　유난히 덥고 지루했던 지난여름의 장마에도 청포도는 말갛게 잘 익었다. 당도 또한 높다. 주변에 나누어 주었더니 이제 다른 포도는 못 먹겠다는 인사도 들었다. 나도 냉장고에 넣어 두었던 포도를 꺼내 한 알을 따서 입에 넣었다. 달고 시원한 과즙이 입 안에서 톡하고 터진다.

배웅

기온이 뚝 떨어졌다. 바람까지 불어 더 춥게 느껴진다. 옷 속으로 스며든 찬 기운이 살을 에인다. 이런 날 엄마와 함께 세찬 바람을 온몸으로 맞으며 길을 나선 적이 있다. 아마도 그때 나는 고등학교 입학금을 가지러 고향 집에 내려갔었을 것이다. 서울로 돌아오려고 어둠이 채 가시지 않는 새벽에 길을 나섰다. 엄마는 버스 타는 곳까지 나를 바래다줄 심산이다. 십리 길을 걸어가야 한다. 평지가 아닌 산길. 능선을 2개나 넘어야 하고, 버스 시간에 맞춰 가려면 부지런히 걸어야 한다. 목적지 중간쯤 내가 다니던 초등학교 뒤 비탈을 내려가고 있는데, 비탈 아래에서 대학생으로 보이는 한 청년이 올라오고 있었다. 그 사람은 엄마에게 인사를 했다.

"할매 가시니껴?"

"야 버스 태워보낼라꼬 가네."

"아이고 할매요. 오늘 강 못건너니더. 강이 얼어 배 못 띄운다카네요."

이 사람은 이미 강가까지 갔다가 강을 건널 수 없어 되돌아오는 길이라고 했다. 엄마에게 할매라고 하는 걸 보니 우리 동네 사람인가 본데, 나는 그를 알지 못한다. 우리 동네는 내(川)를 사이에 두고 큰마을과 양지마을로 나뉘어 있는 집성촌이다. 그는 큰마을 사람이다. 우리 동네는 워낙 산골이라 상급학교에 진학하려면 도시로 나가야 한다. 더러는 자취를 하고, 더러는 나처럼 형제나 친척집에 얹혀살거나 하숙을 하며 학교에 다녔다. 그도 상급학교에 가기 위해 일찍 고향을 떠나 도시로 간 청년이라 나도 그를 모르고 그도 나를 모를 것이다.

우리가 건널 강은 낙동강이다. 이 강을 건널 때는 사공이 노를 젓는 배를 탄다. 내가 이 배를 처음 탔을 때, 긴 노를 비스듬히 기울여 강바닥에 힘주어 박으면 배가 앞으로 나가는 것도 신기하고, 흐르는 물살에 떠내려가지 않는 것도 신기했다. 좌우로 흔들리며 기우뚱거리면 뒤집어질까 겁이 나기도 했지만 무사히 건너게 되어 안도했던 기억이 떠오른다.

이 운송 수단이 없으면 강을 건널 수 없지만 사계절 내내 운행하지 못한다. 가뭄이 들었을 때, 장마철에 강물이 불었을 때, 겨울에 강이 얼 때는 배를 띄울 수가 없다. 가뭄에 강물이 줄면 수심이 얕은 곳을 찾아 건너면 되지만, 장마철에 강물이 불어 황토색 물이 넓은 강폭에 넘실거리면 배를 띄울 엄두를 내지 못한다. 아무리 급한 일이 있어도 발이 묶이고 만다. 여름과 달리 겨울은 강이 얼기 전에 사공들은 섶다리*를 놓았다. 섶다리는 수명이 길지 못했다. 강물에 떠내려가기도 하고, 2월쯤 되면 일부가 소실되어 건널 수 없었다.

배를 이용하는 사람들은 평상시에는 뱃삯을 내지 않고 다녔다. 사공들은 일 년에 두 번, 여름에는 보리로, 가을에는 나락으로 삯을 받았다. 강을 건너야 대처로 나갈 수밖에 없는 마을들을 돌며 집집마다 찾아가 받는 수고를 했다.

엄마와 난 비탈에 서서 학교 앞에 펼쳐진 들판 너머에 있는 강을 바라봤다. 아쉬운 마음이 컸지만, 발길을 돌릴 수밖에 없었다. 그 청년이 아니었으면 강가까지 한참을 갔다가 돌아오는 길이 더 멀고 힘들게 느껴졌을 것이다. 맥 빠진 우린 아무 말 없이 집을 향해 타박타박 걸었다. 세찬 강바람이 그곳까지 불어왔는지 엄마의 치맛자락을 마구 부풀렸다. 내 옷깃 사이로도 쏙쏙 파고들었다. 말없이 걷는 두 사람은 같은 생각을 하고 있었을 것이다. 내일은 구름방으로 버스를 타러 갈 것이다. 이곳은 산을 하나만 넘어도 되고, 강은 건너지 않아도 된다. 그런데도 우리가 이곳으로 가지 않는 것은 안동에서 탈 기차 시간과 맞지 않아서이다. 여기는 버스가 하루에 한 번만 다닌다. 밤에 와서 잠을 잔 버스가 이른 아침에 나가면 저녁에 다시 들어와 잔다. 내일 버스 시간을 맞추려면 깜깜한 새벽에 길을 나서야 한다.

엄마와 나 똑같이 칼바람을 맞으며 집에 도착했다. 나는 아랫목에서 이불을 뒤집어쓰고 몸을 녹이는데 엄마는 바로 부엌으로 가서 점심을 지었다. 엄마가 점심을 하는 동안 내 몸에서는 계속해서 찬바람이 빠져나왔다. 찬바람이 거의 다 빠졌을 무렵 밥상이 들어왔다. 불을 때서 밥을 짓고, 된장찌개도 끓이고, 배추겉절이도 새로 무쳤다. 나는 따뜻한 밥에 고소한 배추겉절이를 얹고 된장찌개를 넣어서 밥을 비벼 맛있게 먹었다. 그때는 그것이 당연하다고 생각했다.

엄마는 이미 환갑을 지난 나이였고, 그때 엄마의 나이가 된 지금 밖에서 찬바람을 맞으면 뼈가 시리다 못해 관절이 아프다. 분명 엄마도 뼈가 시리고 관절이 아팠을 텐데도 내색하지 않았다.

가끔 밥하기 싫은 날, 오늘처럼 바람이 세차게 부는 날은 그날의 엄마가 그려진다. 나를 태운 버스 뒤꽁무니가 보이지 않을 때까지 바라보고 서 있다가 혼자서 왔던 길을 타박타박 걸어서 집으로 돌아갔을 엄마를 생각하면 가슴이 먹먹해진다.

*섶다리 : 물에 강한 물푸레나무를 Y자형으로 거꾸로 박고, 그 위에 굵은 소나무와 참나무를 얹어 다리의 골격을 만든 후 솔가지로 상판을 덮고 그 위에 흙을 덮어 만든 임시다리.

아버지의 손

　마당 가에 심은 감나무에 감들이 물들었다. 풋감일 때는 잘 보이지 않다가 주홍빛으로 물이 들자 올망졸망 달려 있는 것이 확연히 보인다. 감빛이 가을 정취를 풍성하게 만들어 준다.

　여름 장마와 태풍에도 떨어지지 않고 살아남은 고놈들이 기특해서 마당에 나갈 때마다 고개를 들어 하나하나 세어보며 눈 맞춤을 하고 있다. 곧 서리가 내린다는 예보에 곶감을 만들기 위해 스무 개 남짓을 따서 깎아 달았다.

　감과 곶감은 내 유년 시절과 떼래야 뗄 수 없는 관계다. 유년을 보낸 고향 마을은 집집마다 감나무 한 그루씩은 있었고 밭둑이나 밭 가장자리에도 감나무들이 많이 있었다. 그래서 감이나 곶감을 보면 고향 마을이 그려지고 곶감을 손질하시던 아버지의 모습이 생생하게 그려진다.

아버지는 곶감을 참 잘 만드셨다. 요즘은 보통 곶감에 분을 내지 않은 반건시가 많이 유통되고 있어 분을 낸 곶감을 먹어 보지 않은 사람들은 반건시를 곶감이라고 생각할지 모르지만, 곶감의 핵심은 뽀얀 분이다. 분이 뽀얗게 난 것이 달고 맛있다.

아버지는 곶감의 분도 잘 내셨지만 보기 좋게 모양도 잘 만드셨다. 체격에 비해 손이 컸던 아버지는 무엇이든 솜씨 좋게 잘 만드셨다. 고향마을에서는 금계(아버지의 택호) 할배의 곶감 만드는 솜씨를 따라갈 자가 없다고, 아버지 돌아가신 지 사십여 년이 다 되어가는 지금도 회자되고 있다고 한다.

얼마 전 큰언니와 안부 전화를 주고받다 아버지 이야기를 하게 되었다. 여든 중반을 넘긴 언니와 통화를 하다 보면 지난 이야기를 하는 경우가 부쩍 늘어난다. 언니의 기억창고에 있던 할머니 이야기며, 내가 아기였을 때, 별이 된 오빠의 이야기도 어제 일인 듯 생생하게 들려준다. 요즘은 근래에 일어난 일은 잘 기억이 나지 않아도 옛날 일들은 새록새록 떠오른다고 한다.

내가 기억할 수 없는 오빠는 다리가 아팠다고 한다. 오빠의 병명은 들은 바가 없어 소아마비가 아니었을까 짐작만 하고 있었는데, 언니의 이야기를 듣고 검색을 해보니 골수염이었던 것 같다. 그런 오빠가 산을 두 개나 넘어서 학교에 가는 것은 불가능했을 것이다. 그래서 오빠 위의 두 언니가 번갈아 업고 다녔다고 한다. 저학년인 오빠는 수업이 끝나도 언니들의 수업이 끝날 때까지 기다렸다 집에 오곤 했는데 그날은 작은 언니의 수업이 먼저 끝나서 오빠 교실로 가서 창문 너머로 교실을 살피는데 오빠가 선생님께 야단을 맞고 있었다고 한다.

수업 중, 자가 떨어져 마룻장 사이 틈새에 끼인 것을 빼내려고 했을 뿐인데, 딴청을 하고 있다는 오해를 사서 혼이 난 것이다. 고지식하고 규범에 벗어난 행동을 하지 못하는 오빠가 선생님께 야단맞은 것이 억울해 마음속 깊이 상처를 받았는지, 그날 저녁부터 앓기 시작해 다시는 학교에 가지 못했다고 한다. 단편이지만 오빠의 고지식함을 알 수 있는 이야기도 언니로부터 들었다.

곶감을 만드는 과정에는 감을 깎아 줄에 주렁주렁 꿰어 달아 놓는다. 얼마의 시간이 지나면 말랑말랑해진다. 그것을 하나씩 떼어서 볕 좋은 마당에 멍석을 깔고 널어놓으면 수분이 날아가고 꾸덕꾸덕해진다. 널어놓은 곶감을 풀어 놓은 닭들이 가만 둘리가 없다. 닭을 쫓을 사람이 필요했는데 오빠는 그 일의 적임자였다고 한다. 여느 아이들 같으면 망을 보라고 하면 딴청을 하기 일쑤고 곶감 몇 개쯤은 게 눈 감추듯 집어 먹었을 테지만, 오빠는 단 한 번도 곶감을 축내지 않았다고. 어린아이가 달콤한 곶감의 유혹을 물리치기 어려웠을 텐데. 그 유혹을 이긴 것을 보면 양심에 거리끼는 일은 하지 않은 듯하다.

아버지에게는 아픈 손가락이었던 아이. 반듯하고 영특했던 아들. 딸 많은 집에 귀하디귀한 둘째 아들. 그 아들을 놓고 얼마나 상심이 컸으면 실성한 사람처럼 아들의 신발을 가슴에 부여안고 오열을 하셨을까. 아마도 아버지는 아픈 아이에게 곶감 지키는 일을 시킨 것이 한이 되셨던 것 같다. 그 일이 얼마나 가슴에 맺혔으면 아들의 무덤에 문종이에 싼 곶감을 올려놓고 오며 가며 바라봤는데, 몇 날 며칠이 지나도 놓아둔 자리에 고대로 곶감이 있었다고 한다. 산짐승도 들짐승도 아버지의 마음을 헤아렸던 것이 분명하다.

살아생전 겉으로 드러내 놓고 자식 사랑은 하지 않은 분이었지만 저세상에 가서서는 자식들에게 안 좋은 일이 일어나기 전 꿈속에 나타나 경고를 한다. 십여 년 전 동생과 아버지가 꿈에 나타났는데 느낌이 상당히 좋지 않았다. 그 꿈을 꾸고 얼마 되지 않았을 때, 지방 발령을 받은 동생이 주말에 일산 집에 올라왔다가 월요일 새벽 직장으로 가다가 중앙선을 넘어 마주 오던 승합차와 충돌사고가 일어났다. 차는 폐차를 할 정도로 망가졌지만, 동생은 많이 놀라기는 했어도 다친 곳은 없었다. 승용차 운전자인 동생은 멀쩡하고 오히려 승합차 운전자가 다쳤다는 것은, 절체절명의 순간 아버지의 손길이 닿았다고밖에 달리 설명이 되지 않는다.

  동생뿐만 아니라 나도 꿈속에서 아버지가 보냈다는 천사를 만나고 나서 큰 사고가 날 뻔했지만 아슬아슬하게 피한 경험이 있는 걸 보면 아버지는 분명 보이지 않는 곳에서 우릴 어루만져주고 계신다고 굳게 믿는다.

유랑(流浪)

내겐 아버지의 유품이 하나 있다. 손때가 까맣게 묻어 있는 손저울이다. 서랍 속 깊이 넣어 두었다가 아버지가 그리울 때면 꺼내 만져본다. 1912년에 태어나서 1984년에 돌아가신 아버지는 일제강점기 말에 만주로 이주를 하려고 하셨다. 답사 차 만주를 오갈 때 비단실을 사고팔면서 여비를 마련했다고 한다. 그때 쓰셨던 것으로 바이올린 케이스를 닮았다. 뚜껑을 열면 대추만 한 추가 있고 손으로 두들겨 만든 접시에는 저울대와 연결해 놓은 끈이 있다. 무명실을 꼬아 만든 끈은 몇십 년의 세월에도 바래지 않고 여전히 흰색 그대로다. 아버지는 저울접시에 비단실을, 저울대에는 추를 달고 수평을 맞추면서 당신 또한 팽팽한 삶의 무게를 느꼈으리라.

 사방이 산으로 둘러싸인 좁은 산골에서 살다가 만주의 넓은 땅은 아버지에겐 기회의 땅처럼 보였겠지. 그곳으로 가기만 하면 아버지가 원하는 삶이 이루어질 것이라 믿었을 것이다. 그러나 답사까지 하고 떠나려 했던 만주행은 해방이 되어 수포로 돌아갔다. 싸놓았던 보따리를 풀면서 새로운 삶에 대한 꿈이 꺾인 아버지의 방황은 이때부터 시작되었는지도 모르겠다.

 그래서인지 기억 속의 아버지는 집을 비울 때가 많았다. 나는 손저울을 보고 있으면 부재중인 아버지와 찬 겨울바람이 떠오른다. 창호문 밖에는 바람이 윙윙 울고 가벼워질 대로 가벼워진 낙엽은 제 몸 하나 가누지 못해 바람이 부는 방향으로 바스락거리며 굴러간다. 낙엽 구르는 소리와 함께 아버지의 발걸음 소리가 들린다. 가을걷이가 끝나고 겨울이 시작되면 아버지는 떠날 준비를 하신다. 아버지가 가진 땅은 산 고개를 하나 넘어 골짜기에 있는 다랑논 몇 뙈기와 산비탈에 있는 개간 밭이 전부다. 여기서 수확된 것만으로는 식구들의 양식으로 턱없이 모자랐다. 더러는 남의 소작도 했는데 천수답만이 소작으로 나왔다. 천수답의 논들은 가뭄이 들면 메밀이나 조를 심었다. 어느 해는 겨우내 조밥만 먹은 적도 있었다.

　아버지는 언제나 첫새벽에 떠났다. 어둠이 채 가시지도 않은 새벽길을 하얀 입김을 뿜으며 대처로 나가는 차를 타기 위해 10리가 넘는 길을 터벅터벅, 등짐을 지고 산을 넘고 내를 건너가셨다. 당신이 손질한 곶감을 지고 떠날 때도 있고, 동네에서 대추를 사서 갈 때도 있었다. 돌아올 것이라 예상했던 날짜가 지나면 어머니는 동생을 앉혀 놓고 머리를 긁어 보라고 하신다. 긁는 부위에 따라 돌아올 날의 멀고 가까움을 점치기 위해서다. 긁는 부위가 앞이마에 가까울수록 돌아오실 날이 가까워진다고 믿고 계셨다. 집으로 돌아오신 아버지의 등에는 멸치젓 한 초롱이 있을 때도 있고, 다리가 긴 게 한 상자를 지고 오실 때도 있었다. 때로는 자식들의 내복이며 고무신을 사 오실 때도 있지만 더러는 빈 주머니로 오실 때도 있었다. 당신은 소매치기 당했다고 하는데 어머니는 믿지 않으셨다. 그래도 아버지의 나들이는 해마다 되풀이되곤 했다.

　이런 아버지를 보고 자라서인지 산자락에 드러난 구불구불한 고갯길을 보면 나도 어디론가 떠나고 싶다는 충동을 느끼곤 했다. 한 번도 가본 적 없는 산 너머 세상이 궁금했다. 초등학교에 들어가고서야 그 고갯길을 넘었다. 그곳만 해도 내가 살던 곳과 많이 달랐다. 감나무나 대추나무만 보고 자랐는데 학교 앞 너른 들판은 사과밭이 넓게 펼쳐져 있고 처음 보는 우엉이란 것도 있었다. 나를 비롯한 우리 동네 아이들보다 그곳의 아이들은 활발하고 자신감도 넘쳤다.
  우리는 얼마나 촌스러웠는지 교사와 떨어져 있는 시멘트 건물이 화장실이란 것도 몰랐다. 분명 선생님은 용변을 화장실에서 보라고 했는데 우리는 찾을 수가 없었다. 화장실을 못 찾은 우리는 측벽나무 울타리 밑에서 누가 볼까 두리번거리며 참았던 것을 쏟아내고 있었다. 언제 보았는지 우리를 발견한 아이들이 몰려와서 선생님께 이르겠다는 엄포를 놓았다. 그제야 우리는 시멘트 건물이 화장실이란 것을 알았다. 우리는 분명 언니나 오빠한테 학교생활에 대해 사전에 교육을 받았을 텐데도 알지 못했다. 한 번 보는 것이 백 번 듣는 것보다 낫다는 말이 틀리지 않았다.
  백 번 듣는 것보다는 한 번 보는 것이 낫다는 것을 경험으로 알고 계셨던 아버지는, 이제 겨우 10살과 12살의 동생과 나를 당신 회갑 잔치를 치르고 돌아가는 오빠 내외에게 딸려 보냈다. 우리를 떠나보낸 후 아버지는 더 이상 겨울이 돌아와도 대처로 나가지 않았다. 가끔 서울로 우리를 보러 오시거나 방학이 되어 시골로 가는 우리를 마중하러 나오시는 것이 고작이었다. 그리곤 우리 집 사랑방에서 마실 온 동네 사람들에게 당신이 보고 들은 것을 풀어내셨다. 내가 만주에 관한 이야기를 알게 된 것도, 늦둥이 어린 남매를 당신이 끝까지 책임질 수 없을까 두려워한다는 것을 안 것도 그때다.

가을걷이가 끝나고 겨울이 시작되는 11월에 아버지는 우리 남매에 대한 걱정을 내려놓지 못하고 돌아오지 않아도 될 여행을 떠나셨다.

달밤

 밤똥을 누다

자다가 소변이 마려워 화장실을 갔다. 볼일을 보고 일어서는데 갑자기 무서운 생각이 들어 후다닥 뛰쳐나오느라 발뒤꿈치를 문에 찧었다. 아파서 쩔쩔매면서 침대에 기어 올라가 누웠다. 나는 어렸을 때 잘 체했고, 배에 가스가 차서 방귀를 뿡뿡 뀌었다. 추운 겨울 잠자리에 들면 화장실에 가고 싶어졌다. 소변은 방 안에 있는 요강에 누면 되지만 배가 사르르 아프면 밖에 있는 화장실을 가야 한다. 추운 겨울밤에 화장실을 가는 것은 곤욕이다. 화장실에 앉아 있으면 뒷산에서는 부엉이가 울고, 담장에 기대 세워둔 수숫대 잎이 바람에 흔들려 사그락사그락 소리를 냈다. 볼일을 볼 때는 하나도 무섭지 않은데 화장실 밖으로 나오는 순간 무섬증이 일었다. 뒤에서 누가 잡아당기는 것 같아 후다닥 마당을 가로질러 뛰었다. 급하게 벗은 신발은 마당에 내동댕이쳐지고 구르듯이 문지방을 넘어갔다.

밤마다 화장실을 간다고 어머니는 닭장 앞에 가서 주문을 외우라고 하셨다.

"닭이 밤똥 누지, 사람이 밤똥 누나."

달빛 아래 내복 바람의 소녀가 닭장 앞에서 머리를 조아리며 주문을 외우고 있고, 뒷산에서는 부엉이가 운다. 부~웅 부~웅.

흉내 내기

서른 즈음에 「메밀꽃」이란 수필을 읽었다. 작가는 가까이 사는 친지로부터 저녁에 차 한 잔을 들러 오라는 전갈을 받고 그 집을 방문했다. 대문을 열고 들어서는 순간 아! 하는 탄성이 터졌다. 마당 가득 핀 메밀꽃이 달빛을 받아 희게 빛나고 있었다. 흰 눈을 바구니째로 쏟아놓은 것 같은 풍경에 아주 짧은 시간이지만 전신이 마비될 것 같은 전율을 맛봤노라고 했다.

  메밀을 심은 집주인은 마당이 있는 집에 살게 되면 메밀을 심고 싶었다고 한다. 달빛 아래 희게 빛나는 메밀의 운치를 혼자 보기 아까워 지인을 부른 집주인의 서정이 전해졌다. 그때 그 글을 읽고 마당이 있는 집에 살게 되면 나도 메밀을 심어야지 생각했다.

  마당이 있는 집에 살게 된 지금 마당 한 귀퉁이에 메밀을 심었다. 달빛에 비친 꽃송이가 어느 작가의 표현대로 소금을 흩뿌려 놓은 것 같다. 탄성을 지를 만큼은 아니지만 그런대로 제법 운치가 있다. 나도 달빛에 젖어 차 한 잔을 마신다.

아버님 전상서

  객지에서 학교에 다니던 나는 방학 때마다 시골집으로 내려갔다. 중앙선 완행열차는 쉬엄쉬엄 달려서 여덟 시간 후에 나를 내려놓는다. 다시 시외버스로 갈아타고 한 시간을 더 달려간다. 해뜨기 전에 기차를 탔는데, 버스에서 내릴 때는 짧은 겨울 해가 쥐꼬리만큼 밖에 남지 않았다. 섶다리가 놓인 겨울 낙동강을 건너고 나서도 산길 십 리를 걸어가야 집에 당도한다.

전화가 없던 시절 '아버님 전상서'로 시작하는 편지를 썼다. 동생과 함께 버스에서 내리면 아버지가 기다리고 계셨다. 환갑을 지난 아버지와 중학생 딸과 초등생 아들이 나란히 달이 환하게 뜬 산길을 걷는다. 말없이 앞장서 걷던 아버지는 추수 끝난 논에 널브러진 짚을 끌어모아 모닥불을 피웠다. 시린 손을 녹이고 다시 발걸음을 재촉한다. 아버지가 있어 인적 없는 밤길도 추위도 무섭지 않다.

세월이 흘러 그때의 아버지만큼 나이가 들었지만 달빛이 마당을 환하게 비추는 날은 지나간 날들이 암암하게 그려져 쉬 잠들지 못한다.

개미

간밤에 잠을 설쳤다. 잠을 청하면 청할수록 정신이 더 또렷해졌다. 몸을 뒤척이다 다른 날보다 다소 이른 시간에 일어났다. 거실에 나와 블라인드를 걷는데 세상이 온통 하얗다. 첫 출근의 설렘은 어디 가고 교통체증이 떠올라 짜증이 났다. "하필 첫 출근하는 날 눈이 올게 뭐람." 혼잣소릴 남편이 들었는지 이렇게 서설이 내린 것은 좋은 일이 일어날 징조라는 것이다. 딴은 그렇다.

내 나이는 사십 중반을 넘어 오십 고개를 얼마 안 남겨놓았다. 새로 무슨 일을 시작하기엔 다소 늦은 나이에 새로운 일을 시작하게 되었다. 그것도 노량진 학원가에 있는 출판사로 출근을 하게 된 것이다. 내가 이곳으로 출근을 하게 되었다고 할 때 이웃 아줌마들이 부럽다며 축하를 해주었다.
　쥐꼬리(?)만 한 남편 월급으로는 생활이 빠듯하기도 하거니와 IMF 이후 조기 은퇴의 불안 때문인지 남편은 은근히 마누라가 돈 벌기를 바라는 것 같은 눈치다. 같이 근무하는 동료 누구의 부인은 공무원이라서 좋겠다는 둥, 누구의 부인은 교사라더라. 남편이야 그냥 해본 소리일망정 듣는 나는 그것이 돈 벌어오라는 압력으로 들렸다. 오늘 아침 눈 때문에 짜증 난 나에게 서설 운운한 것만 보아도 내가 출근하게 된 것을 내심 반기는 눈치다.
　전업주부로만 살아 온 보통의 아줌마들이 할 수 있는 일이라곤 대형마트의 판매사원, 전자 회사의 부품조립, 식당의 주방이나 홀 서빙, 그런 일도 사십이 넘고 경력 없는 아줌마를 흔쾌히 써 주겠다는 곳은 없었다. 언젠가 아파트 게시판에 고속도로 톨게이트에서 요금 받는 일을 할 주부 사원을 모집한다는 공고가 붙은 적이 있었다. 그때 나이 제한이 35세인가 그랬다. 그때도 우리는 이미 그 조건보다 나이가 많았다. 쓸데없이 나이만 먹었다며 쓴웃음을 지은 적이 있었다. 아이들이 어느 정도 커서 제 할 일을 스스로 할 때쯤은 마흔 언저리이고, 집안일에 신경 덜 쓰고 일하러 나갈 수 있을 때인데 정작 그 연령의 주부들을 받아 주는 곳은 거의 없다. 이런 경험을 해본 이웃들은 내가 마흔이 넘어 자격증을 딴다며 컴퓨터학원에 등록했을 때 학원비만 날릴 거라며 공연한 짓 하지 말라고 만류를 했었다. 그랬는데 내가 출근을 한다고 하니 그들이 놀라는 것이 당연한지도 모르겠다.

예상은 했었지만 눈 오는 날 전철역은 사람들로 가득했다. 이미 만원이 되어 도착한 객차 안을 들여다보는 순간 탈 수 있을 것 같지 않다. 내리는 사람 수보다 타는 사람 수가 더 많다. 간신히 발을 들여놓자 등 뒤에서 문이 닫힌다. 앞 사람이 뒤돌아서서 엉덩이로 먼저 탄 사람을 밀어 넣는다. 그래야 하는 법칙이라도 있는 것처럼 나도 뒤돌아서서 엉덩이에 힘을 잔뜩 싣고 민다. 엉거주춤한 자세로 사람들 사이에 끼어서 간다. 그런데 뒤에 서 있는 중년 아저씨의 불룩한 배가 자꾸 등을 민다. 불룩한 배가 닿은 등짝의 느낌이 묘하다. 흔들리는 정도에 따라 등에 닿은 배의 움직임. 신경이 날카로워진다. '고의일까? 고의가 아니겠지. 어쩔 수 없는 상황이잖아.' 뒤돌아 째려보고 싶은 마음을 애써 누른다. 그래도 싫은 느낌은 어쩔 수 없다. 배와 등짝 사이를 벌려보려고 꼼지락거리며 몸을 이리저리 뒤틀어 본다. 그도 내가 자기를 치한으로 오해하고 있다고 생각하고 있는지 조심하는 눈치다. 내가 꼼지락거리자 앞에 선 아가씨가 사나운 눈길로 고개를 홱 돌리고 나를 쏘아본다. 이때 안쪽 어디선가 "밀지 마세요. 저 임산부예요." 하는 소리도 들린다. 이 소리를 듣고도 아무도 자리를 양보하는 기척이 없다. 아니 양보할 수가 없는지도 모른다.

  내릴 역에 도착해도 쉽게 내릴 수가 없다. "내려요."를 외치며 사람들을 비집고 빠져나오면서 사람들 사이에 낀 옷자락을 잡아당긴다. 전동차에서 내렸을 때는 싸움이라도 하고 난 것처럼 진이 다 빠져 다리가 후들거린다. 주저앉고 싶지만 그럴 수도 없다. 환승을 하려면 빨리 움직여야 한다. 환승 통로와 가장 가까이 있는 객실의 문이 열리면 '타다다닥' 사람들이 앞으로 내달린다. 나도 덩달아 내달린다. 천천히 가고 싶어도 뒤에서 미는 힘에 떠밀려 가고 있다. 순식간에 에스컬레이터 앞은 줄이 길게 이어진다. 마음이 급한 사람들은 에스컬레이터 타는 것을 포기하고 계단을 뛰어 내려간다. 나도 에스컬레이터를 타지 않고 계단을 선택했다. 계단을 내려가기 위해 무심코 아래를 내려다보는 순간 숨이 멎을 것 같다. 거대한 검은 물결이 일렁인다. 마치 먹이를 찾아 분주하게 움직이는 개미 떼 같다. 무리 지어 빠른 걸음으로 일터로 향하는 사람들의 행렬이 일개미와 다를 바 없다는 생각이 든다.

남편도 매일 아침 출근하면서 저 검은 물결을 보고, 나와 같은 느낌을 받지 않았을까. 일개미가 타고 난 신분대로 먹이만 구하는 삶만 살 듯, 자신도 가장이라는 무거운 책임감. 그리고 월급쟁이 생활을 벗어나지 않는 이상 빠듯한 삶을 살 수밖에 없는 현실에 답답함을 느꼈을 것이다. 그래서 맞벌이를 하던 동료들이 외벌이보다 여유 있는 삶을 사는 것 같아 부러웠을지도 모르겠다.

　목적지 역에 내려 지하에서 지상으로 에스컬레이터를 타고 올라가자 아침햇살이 나를 반긴다. 앞서 걷는 사람들 머리 위로 볕에 반사된 먼지가 춤추듯 부유한다. 부유하는 먼지처럼 사람들도 어디론가 빠른 걸음으로 흩어져 사라진다.

　오늘부터 나도 일개미의 대열에 합류했다. 아직 사무실에 도착하지도 않았는데 진이 빠졌지만 어떤 일이 나를 기다리고 있을지 기대 반 설렘 반이다.

왜 키가 작아요

 하나

"형님 키랑 가슴둘레 알려주세요."

셋째 동서한테 온 전화다. 전혀 예상 못 한 일이다. 갑자기 머릿속이 분주해진다. 사실대로 알려주기가 싫다. 신발장에 잠자고 있는 굽 높은 구두를 신으면 몇 센티미터쯤 부풀려도 문제없을 것 같다. 과감하게 5센티를 높여서 알려줬다.

시아버님 칠순 잔칫날 하루 입자고 한복을 새로 장만하는 것은 낭비인 것 같아 빌려 입기로 했다. 자식 넷 중 셋은 수도권에 살고 셋째만 부모님 근처에 살고 있어서 잔치 장소에 약부터 옷 빌리는 것까지 거의 모든 것을 셋째가 하게 되었다. 직접 입어보고 빌리면 이런 일이 일어나지 않았을 텐데.

잔칫날이 토요일이라 새벽같이 시댁으로 내려갔다. 미리 와 있던 셋째 동서가 빌려온 옷을 입어보라며 내놓았다. 옷과 함께 고무신 모양의 굽 높은 신발이 따라왔다. 내 구두와 높이가 같다. 굽 높은 신발이 세트로 따라올 줄은 생각지도 못했다. 얼른 치마를 꺼내 입었다. 치마가 바닥으로 많이 흘러내렸다. 따라온 신발을 신었다. 여전히 치마가 끌린다. 신발 높이까지 계산해서 치마 길이를 조정한 것 같다. 내 예상이 완전히 빗나갔다. 다른 사람들은 문제가 없었다. 당혹감이 밀려왔다. 동서에게 치마 길이가 길다고 말할 수는 없다. 아! 내 미약한 자존심 5센티미터.

치마 길이를 조절하기에는 이미 늦었고 할 수도 없다. 방 안에서 몇 발짝 걸어봤다. 요령껏 걸으면 될 것도 같아 태연하게 식장으로 갔다. 곧 손님들이 오기 시작했다. 손님들께 인사를 하고 이런저런 일을 보느라 분주하게 움직였다. 걸음을 걸을 때마다 앞자락이 밟혔다. 명색이 맏며느리인 내가 인형처럼 가만히 서 있을 수도 없고 난감하다. 조심한다고 해도 바닥에 끌리는 치마를 추단하기가 쉽지 않았다. 급기야 치마를 밟고 휘청하며 앞으로 고꾸라질 뻔했다. 나는 얼른 자세를 바로잡고 누가 볼세라 주위를 두리번거리며 셋째 동서를 곁눈질로 살폈다. 다행히 동서는 근처에 없었다. 어쩌면 동서는 이미 알고 있으면서 짐짓 모르는 척하는지도 모르겠다. 주춤주춤 걷는 나를 못 보았을 리 없다. 누가 뭐라고 하지 않는데도 괜히 혼자서 민망하다.

둘

쓰레기를 버리러 가고 있었다. 아래층에 사는 초등학교 1학년 녀석이 심심한지 발코니 창문에 매달려 밖을 내다보고 있다가 "아줌마." 하고 부른다. 내가 뒤돌아보자 "아줌마는 왜 키가 작아요~?" 한다. 철모르는 녀석에게 뭐라고 할 수도 없고 마당의 커다란 쓰레기통 앞에서 까치발을 들고 쓰레기봉투를 냅다 던졌다.

얼마 전 걷기운동을 하러 공원엘 갔다. 공중화장실 세면대에서 손을 씻고 있는데 옆에서 예닐곱 살 되어 보이는 꼬마 녀석이 나를 빤히 쳐다본다.

"아줌마는 어른인데 왜 키가 작아요?"

아무리 꼬마라 하더라도 이런 질문을 받으면 기분이 나쁘다. 언짢다고 꼬마에게 화를 낼 수도 없고, 그냥 지나치려다

장난기가 발동했다. 괘씸한 녀석 나보고 키가 작다고 했겠다, 물 묻은 엄지와 검지를 둥글게 말아 손에 묻은 물을 녀석에게 튀겼다.

"뭣이라고, 요 녀석아, 어른이 키가 작을 수도 있지."

"나한테 왜 물 뿌려요오."

물 몇 방울을 맞은 녀석이 내가 작아서 만만하게 보이는지 으르렁거리며 대든다. 예상 밖의 반응에 오히려 내가 당황스럽다. 어린아이와 싸울 수도 없고, 녀석이 울음이라도 터트릴까 봐 한번 째려보고는 허둥지둥 화장실을 나와서 빠른 걸음으로 그곳을 벗어났다.

셋

아이들이 궁금한 것을 참지 못하는 것쯤이야 충분히 이해를 한다. 그러나 어른들의 호기심(?)은 이해할 수 없다. 전에 어떤 분이 나에게 물었다. 아마도 에세이스트 가을 세미나를 다녀오는 길이었을 것이다. 함께 전철을 탔는데 나를 한번 쓰윽 보고는 물었다.

"요즘 사람이 왜 이렇게 키가 작아?"

나는 어안이 벙벙하여 그분을 올려다봤다. 나보다 연배가 십 년 이상일 것 같은데 내가 올려다볼 만큼 덩치가 우람하다. 내 대답을 기다리기라도 하는 듯 지그시 나를 내려다보며 빙긋 웃는다. 나도 왜 내 키가 작은지 모른다. 나도 모르는 것을 뭐라고 대답한단 말인가. 대답할 수 없는 질문을 한 그분의 의도를 모르겠다.

 지난가을 세미나에서 늦은 밤까지 잠들지 못한 우리는 작은 방에 누워 수필에 대한 이야기를 하다가 그분 이야기를 하게 되었다. 대체로 그분에 대한 평가는 비슷비슷했다. "솔직담백하다, 마음에 없는 이야기를 가식적으로 꾸며서 하지 못하는 스타일이다, 덩치에 어울리지 않게 섬세한 면도 있다, 하고 싶은 이야기는 담아두지 못하고 하고야 만다, 등등."

 다른 사람들의 이야기를 듣고서야 그분에 대한 이해를 조금 한 것 같다. 나쁜 의도로 나에게 왜 키가 작은지에 대해 물은 것 같진 않았다. 어쩌면 어린아이들처럼 정말로 궁금해서 물어본 것인지도 모르겠다는 생각이 들었다. 나는 그 밤으로 그에 대한 언짢았던 기억은 잊기로 하고 잠을 청했다.

 다음 날 아침 마당에서 그분을 만났다. 그분은 나를 보자마자 대뜸 물었다.

 "요즘 사람이 왜 이렇게 키가 작아?"

 ……

넷

　시골 시어머님 댁에 낡은 싱크대를 교체했다. 싱크대를 보러 갔던 동서에게서 전화가 왔다.
　"형님, 싱크대가 엄청 높아요. 어머님께 형님은 매달려야 될 것 같다고 했어요."
　시어머님은 싱크대를 주문할 때 반 뼘쯤 낮게 해달라고 하셨다. 그런데 교체작업이 끝난 싱크대는 쓰던 것보다 반 뼘이 높았다. 업자와 어머님 사이에 의사소통에 문제가 있었나 보다. 이미 공사는 끝났고, 좋은 게 좋다고 평균 키는 되는 어머님은 크게 불편할 것 같지 않다며 그대로 사용하기로 하셨다.
　집수리가 끝나고 형제들이 시댁에 모두 모였다. 주방에 들어가 음식 준비를 하는데 싱크대 위에 도마를 올려놓고 칼질을 하려는데 너무 높다. 나는 도마를 식탁 위에 놓고 칼질을 했다. 사람들의 평균 신장이 높아질수록 사용하는 물건들도 크고 높아진다. 싱크대도 아마 평균 신장에 맞춰 제작하는 모양이다.
　우리 집 싱크대도 내가 사용하기에는 약간 높다. 처음에는 편하게 사용하려고 주로 욕실에 까는 나무 발판을 싱크대 앞에 놓고 사용했다. 나는 내 집이니까 문제없이 사용하는데 가끔 오는 동서들은 자기네 집에서처럼 습관적으로 걷다가 발판을 걷어차고는 발가락이 아파 고통스러워했다. 동서들 때문에 발판을 걷어치웠다. 그것을 치우고 하루 이틀은 불편했지만, 곧 익숙해져 지금은 불편함을 느꼈지 못한다. 그러나 문제는 가스레인지다.

  가스레인지를 살 때 고구마를 구워 먹으려고 그릴이 달린 것을 산 것이 실책이었다. 그릴의 높이만큼 가스레인지가 싱크대 위로 솟았다. 높이가 낮은 작은 냄비는 괜찮은데 큰 냄비가 문제다. 큰 냄비에 국을 끓이면 높아서 가스레인지 위에 올려놓고 국을 풀 수가 없다. 뜨겁고 무거운 냄비를 내려놓는 것도 쉽지 않다. 깨를 볶는다거나 묵을 쏟다거나 할 때 큰 냄비를 올리고 저어주어야 하는데 높아서 팔이 아프다. 그래서 플라스틱으로 된 동그란 목욕 의자에 올라가서 젓는다. 의자가 가벼워 조금만 균형이 깨져도 몸이 기우뚱한다. 한번은 뜨거운 솥 쪽으로 넘어져 코를 박을 뻔했다. 이래저래 키가 작은 나는 살아가는데 불편한 것이 한둘이 아니다.

다섯

　사람들은 이런 나를 두고 종종 하는 말이 있다.
　"키만 좀 더 컸으면 참 좋았을 텐데."
　이 말을 나만 듣는 것도 아니다. 남편도 종종 듣는다. 내 키가 작다는 말을 처음 남편한테 한 사람들은 결혼 후 집들이에 왔던 남편 직장동료들이다.
　"당신 와이프 다 좋은데 키가 작은 것이 좀……."
　"당신이 데리고 살 것도 아닌데 웬 참견이야."
　그날 남편은 사람들이 왜 남의 일에 쓸데없는 관심을 가지고 참견을 하는지 이해할 수 없다고 약간 흥분을 했었다.
　키가 작다는 소리를 한두 번 들은 것도 아니고, 이제는 면역이 될 법도 한데 아직도 이런 이야기를 들으면 심기가 불편하다. 키가 작아 불편한 것도 속상한데 꼭 요렇게 콕 집어 이야기하는 사람들의 심보를 모르겠다. 내 키가 지금보다 조금 더 컸다면 정말 내 인생이 달라지기는 했을까?

큰일 낼 여자

남편 퇴근 시간에 맞춰 전기밥솥에 밥을 안쳐놓고, 가스레인지에는 생선조림을 올려놓았다. 생선조림이 끓을 동안 잠깐 게임 한 판을 해도 되겠다는 생각이 들었다. 스마트폰을 가지고 거실 소파에 앉았다. 소파에 앉아 게임을 시작하는 순간 생선조림은 안드로메다로 떠났다.

게임을 하고 있는데 맛있는 생선조림 냄새가 났다. '음, 오늘 아래층 저녁 메뉴는 생선조림인가 보군.' 하면서 계속 게임을 했다. 조금 있으니 생선 굽는 냄새가 났다. '생선조림에 구이까지 오늘 아래층은 생선으로 한 상 차릴 모양이네.' 게임이 다음 단계로 넘어가지 못하고 몇 번을 제자리에 맴돌고 있는 것에만 조바심을 내고 있었다. 얼마의 시간이 더 흐르자 생선 타는 냄새가 났다. "으음, 생선을 올려놓고 딴짓을 하고 있군."이라고 중얼거리면서 게임에만 열중하고 있었다.

지금 내가 하고 있는 게임은 사천성월드다. 어지럽게 흩어져 있는 음식 재료를 같은 것끼리 콕콕 찍으면 패들이 사라진다. 주어진 시간 안에 빠르게 짝을 맞춰야 하는데 쉽지 않다. 가로막힌 장애물도 피해야 하고 뒤집힌 패도 뒤집어서 같은 패를 찾아야 한다. 마지막 하나만 터치하면 되는데 게임오버. 아슬아슬하게 깨지 못하고 끝나버린 게임에 약이 올라 다음 판에는 깨고 말겠다는 의지가 불타오른다. 고개 한 번 들지 않고 게임에 열중하고 있는데 현관 버튼 누르는 소리가 났다.

"이게 무슨 냄새야?"

남편한테는 눈길도 주지 않고 스마트폰에 시선을 고정한 채 건성으로 대답한다.

"응, 아래층에서 생선 태우나 봐."

"그럼 이 연기는 뭐야?"

연기라는 단어를 듣고서야 고개를 들었다. 거실에는 연기가 자욱했다. 번개처럼 스치는 생각. 후다닥 주방으로 뛰어갔다. 냄비 속 내용물은 형체를 알아볼 수 없는 검은 덩어리로 변해 있었다. 조금만 더 있었으면 아마도 냄비가 벌겋게

달아올랐을 것이다. 남편은 기가 막히는지 표정이 굳으면서 목소리가 높아졌다.

"큰일 낼 여자네. 내 앞날이 걱정된다. 걱정 돼."

저녁을 먹으면서도 남편의 잔소리는 이어졌다.

"제발 불에 뭘 올려놓으면 자리를 뜨지 말고 대기하고 있다가 불을 끄고 다른 일을 했으면 좋겠어."

남편의 당부가 아니더라도 난 지금 반성하고 있는 중이다.

얼마 전 우리 아파트에 소방차가 하루에 두 번이나 출동한 적이 있었다. 그날 나는 첫 번째 소방차가 출동했을 때는 외출하고 없었다. 두 번째 소방차가 출동할 때 나는 저녁 준비를 하고 있다가 요란한 사이렌 소리를 듣고 밖을 내다봤다. 소방차와 구급차가 줄지어 들어오는 것이 급박해 보였다. 무슨 일인가 궁금하여 밖으로 나갔다. 화재 신고를 하면 기본으로 소방차 4대와 구급차 1대가 출동한다고 한다. 웅성거리는 사람들 틈에서 소방대원이 위층 발코니에서 밧줄을 타고 아래층 발코니로 들어가는 것이 보였다. 그 광경을 같이 지켜보던 아주머니들은 오늘 두 번 다 가스 불을 끄지 않아 생긴 일이라며 혀를 끌끌 찼다.

남편은 그날 퇴근길에 소방차가 주민들 차와 뒤엉켜 전진과 후진을 거듭하며 겨우 빠져나가는 것을 보았다며, 무슨 일로 소방차가 출동했는지 물었다. 그때는 남의 일이라 생각했는데….

저녁을 먹고 설거지를 하면서 생각했다. 게임을 계속하다가는 정말로 큰일을 낼 것만 같았다. 난 과감하게 폰에서 게임을 지워버렸다. 게임을 지우고 하지 않는데도 가끔 지인들로부터 게임을 하자는 카톡이 날아온다. 이제는 게임 같은 것은 절대 하지 않는다고 무시하다가, 어떤 날은 다시 게임을 깔까 말까 망설인다.

무료할 때 시간 때우기에는 게임이 딱인데.

전설 따라 삼천리

우리 집에 텔레비전이 없던 유년 시절, 제 몸집보다 더 큰 건전지를 매단 라디오가 있었다. 아버지는 밤낮으로 라디오를 틀어 놓고 노래를 듣고 뉴스도 듣고 연속극도 들었다. 주무시는 것 같아 슬며시 끄면 다 듣고 있으니 그냥 두라고 하신다. 정규방송이 끝나고, 지지직 잡음이 들릴 때까지 라디오는 누가 듣던 말든 혼자서 말을 해댔다. 때로는 건전지가 무거워 힘이 부치는지 앓는 소리를 낼 때도 있었다.

나도 방학이면 아버지가 듣는 라디오를 들었다. 〈마루치 아라치〉도 듣고 〈전설 따라 삼천리〉도 듣고 〈광복 20년〉도 들었다. 때로는 아버지가 들려주시는 지난 이야기도 전설처럼 들었다. 이제는 아버지도 라디오도 고향도 모두 옛이야기가 되었고 전설이 되었다.

얼마 전 근 20년 동안 야생에서는 발견된 적이 없는 늑대를 복제했다는 뉴스를 들었다. 이 소식을 듣는 순간 나보다 나이는 많지만 항렬이 낮아 조카뻘 되는 사람의 소년 시절 겪었던 이야기가 전설처럼 회자하던 것이 생각났다.

그가 초등학교 6학년 때, 담임선생님의 특별 지도로 중학교 입학시험 공부를 하다가 혼자서 늦은 귀가를 하고 있었다. 학교와 집과의 거리는 산등성이를 두 개나 넘어야 했다. 학교에서 산 고개를 하나 넘으면 몇 가구 되지 않는 동네가 나오고, 그곳을 지나 오르막을 한참 올라가면 사방이 산으로 둘러싸인 골짜기에 커다란 공동묘지가 있다. 이곳을 지나 마지막 오르막을 힘겹게 오르면 커다란 팽나무 두 그루가 수문장처럼 서 있는 고갯마루다.

내가 초등학교에 갓 입학해서 또래들과 같이 공동묘지를 지날 때면, 저절로 등골이 오싹해지고 오금이 저렸다. 그런 어느 날 우리가 공동묘지 중간쯤의 오르막을 오르고 있을 때 고갯마루 아래로 허름한 차림의 남자가 내려오고 있었다. 멀리서도 그 남자는 우리들이 주변에서 보던 보통 어른들과 달라 보였다. 항간에 떠돌던 소문의 주인공인 문둥이처럼 보였다. "문둥이는 자기 병을 고치려고 아이들을 잡아다가 먹는다."는 흉흉한 풍문을 모르는 아이는 거의 없었다. 우리는 누가 먼저랄 것도 없었고 앞뒤 잴 것도 없이 뛰다가 벗겨진 검정고무신을 손에 쥐고 공동묘지와 길 사이의 둑을 뛰어넘었다. 둑을 넘어 묘지 옆에 납작 엎드려 그가 지나가길 기다렸다. 한참을 그렇게 있다가 그곳에서 나왔다.

이런 일이 없어도 공동묘지를 지날 때면 뒤에서 누가 잡아당기는 것처럼 머리가 쭈뼛 서는 느낌이 든다. 고요한 골짜기에 산새가 푸드덕 날아가는 소리에도 자지러지게 놀라 고갯마루를 향해 언덕을 뛰어올랐다. 드디어 고갯마루에 오르면 동네가 훤히 내려다보인다. 벌써 집에 다 온 것 같은 마음에 안도감이 든다. 아직도 구불구불 꼬부라지고 경사진 길을 한참을 내려가야 하지만 그것은 전혀 문제가 되지 않았다. 겁날 것도 없다. 발바닥에 모터가 달린 것처럼 내리막길을 다다닥 뛰어 내려간다. 인가도 없고 사람들이 잘 다니지 않는 공동묘지가 있는 골짜기에서 무슨 일이 일어나면 위급상황에 소리를 쳐도 소용없다는 것을 우리는 진즉 알고 있었다. 허공에다 목청껏 소리쳐도 소리는 공중에 흩어질 뿐이라는 것을 아이들은 본능적으로 알았다.

전설의 소년은 그날, 땅거미가 질 때쯤 예의 그 공동묘지에 다다랐다. 난데없는 개 한 마리가 나타나더니 이쪽을 노려보면서 길 한가운데 떡 버티고 서 있었다. 개가 길을 막고 꿈쩍도 하지 않으니 오지도 가지도 못하고 "요개, 요개 저리 가!" 하며 쫓아도 놈은 노려보기만 할 뿐 도망갈 기색이 없었다. 한참을 그러고 있는데 때마침 우리 동네에 우편물을 전해주고 돌아가던 집배원 아저씨가 이곳을 지나게 되었다. 아저씨는 소년을 고갯마루까지 데려다주고는 돌아갔다. 그날 그와 대치하고 서 있던 것은 개가 아닌 늑대였다.

그 후 그는 서울로 유학을 갔고 늑대를 복제한 연구팀이 있는 대학을 나와 고향의 대학에서 학생들을 가르치고 있다. 50 중반의 그가 보았던 늑대를 40 중반의 우리 또래는 보지 못했고, 그의 이야기는 전설이 되었다.

TV 뉴스 화면에 비친 늑대는 개와 비슷했다. 늑대와 마주쳤던 그는 지금 이 뉴스를 보고 무슨 생각을 했을까. 만약 그때 집배원 아저씨가 나타나지 않았다면 자기에게 일어났을지도 모르는 큰일을 상상하면서 등골이 오싹하지는 않았을까. 그날 있었던 일이 동네 사람들 사이에 전설이 되었다는 사실을 본인은 정작 알고나 있을까.

오직 도보로만 다닐 때는 그 산길이 지름길의 역할을 했지만, 자동차를 타고 다니는 요즘은 길로서의 기능을 잃었다.

아무도 오가지 않는 옛길은 수풀이 무성해 길이었다는 흔적조차 없다고 한다. 이제는 이 길을 오르내리며 다녔던 일도 전설이 되었다.

　마음만 먹으면 갈 수 있는 곳이지만 부모 형제 아무도 살지 않는 그곳은 이제 나에게 고향으로서의 기능을 상실한 셈이다. 그저 마음의 고향일 뿐이다. 예전 라디오에서 흘러나오던 〈전설 따라 삼천리〉의 시그널 음악이 환청처럼 들리고 눈을 감으면 고향 산천은 추억의 영화처럼 장면 하나하나가 아련하게 스쳐 지나간다.

2.
무심도 병이다

다행히 아들도 내 의도대로 어려서부터 떼쓰는 일도 없었고, 자기 고집은 있지만 제가 할 일은 부모의 손을 빌리거나 걱정하게 하지 않았으므로 나도 모르게 무심한 어미가 된 것이다.

박노인의 제사
도깨비에 홀리다
까치와 직박구리와 나
숨바꼭질
그녀가 궁금하다
어린것들은 예쁘다
무심도 병이다
오늘도 낚였다
자아도취
기로에 서다
그래서 우린 친구야

박노인의 제사

시댁을 오갈 때 스쳐 지나다니는 길가에 눈길이 멎는 동네가 있었다. 번잡해 보이지 않는 곳에 보건소와 방앗간이 있는 풍경이 정겹게 느껴졌다. 마을 입구에 세워 둔 수룡리란 지명도 관심을 끌었다. 왠지 평범해 보이지 않았고, 용과 관련된 어떤 전설 같은 것이 있을 것 같았다. 남편은 신혼 초부터 퇴직하면 시골에서 살고 싶다고 누누이 한 말이라 은연중에 나중에 살게 될 마을들을 살펴본 것인지도 모르겠다.

뜻하지 않게 남편이 갑자기 명퇴를 하게 되었다. 앞뒤 잴 것도 없이 귀촌하기로 결정했다. 처음에는 깊은 산골로 들어가려고 했었다. 몇 군데 둘러본 결과 그런 곳에서는 내가 적

응할 수 없을 것 같았다. 그래서 시댁 근처를 알아보기로 하고 충주에 있는 대부분의 면 소재지 마을들을 둘러보았지만 마음에 드는 곳을 찾지 못했다. 아직 가보지 않은 면 소재지 한 곳만 더 보고 가자고 해서 찾아간 부동산에서 서너 군데의 땅을 소개받았다. 남편은 그중 지금 살고 있는 이곳을 마음에 들어 했다. 땅을 계약하고 집을 짓고 살던 아파트를 팔고 이사는 일사천리로 진행되었다.

이곳으로 이사 온 지도 벌써 8년차다. 아직 도시 생활의 틀을 벗지 못하고 있어, 마을 주민들과 스스럼없이 어울리지 못하고 있다. 마을 행사에 매번 참석하지 못해도 누구 한 사람 타박하는 사람이 없다. 귀촌한 사람들이 겪는다는 텃새도 경험하지 못했다. 대체로 마을 분위기가 평온하다. 마을회의에서 어떤 안건에 대한 의견을 주고받을 때 서로 다른 견해에 목소리가 높아지는 경우를 많이 봐 왔지만 이 마을에서는 그런 경우를 본 적이 없다. 의견이 분분하면 민주적으로 표결에 부쳐 다수결로 의사결정을 한다. 이는 마을의 대소사를 이끌고 있는 이장님이나 대동계 회장님, 부녀회장님들의 리더십과 주민들이 서로서로 배려한 덕분일 것이다. 그래서인지 이 마을만 있는 마을 제사도 잘 이어져 내려오고 있다.

우리 마을은 매년 3월1일 제사를 지낸다. 마을회관에 모두 모여 음식을 장만하고 대동계 회장님이 제주(祭主)가 되어 주관한다. 처음 마을에서 지내는 제사가 있다는 이야기를 들었을 때, 경북 예천의 석송령처럼 사연이 있는 제사일 것이라는 생각이 들어 그 유례가 궁금했다. 마을 어르신 몇 분과 이장님으로부터 그 사연을 듣게 되었다.

예전 이 마을에 박씨 성을 가진 노부부가 자식도 일가친척도 없이 외로이 살았다고 한다. 동네 사람들은 그를 지칭할 때 박 노인 혹은 박첨지라고 불렀다. 후사가 없는 그는 당신이 세상을 떠나면 장례를 치러 줄 것과 제사를 지내줄 것을 동네 사람들에게 부탁했다고 한다. 당부대로 그가 세상을 떠났을 때 마을 사람들은 장례를 치러 주었고, 제사는 그가 남긴 논을 경작하는 사람이 지내게 되었다. 십 년이면 강산도 변한다는데 얼마의 세월이 흐른 후 제사가 중단되었다. 이는 위토답이 동네 뒷산 7부 능선에 있는 봉답이라 농사 짓는데 어려움이 있어 부치려고 하는 사람이 없었기 때문이다.

중단된 제사가 부활하게 된 것은 부동산 특별조치법이 시행되었을 때, 이 토지를 마을 공동재산으로 편입하면서 다시 제사를 지내게 되었다고 한다. 그때부터 지낸 제사가 지금까지 쭉 이어져 오면서 동네의 중요한 행사로 자리매김하고 있다. 3월 1일에 제사를 지내는 것은 부부가 한날한시에 가신 것도 아니고, 제사의 맥이 끊겼다가 다시 시작하면서 정확한 날짜를 알 수가 없어 농사가 시작되기 전 따뜻한 봄날로 정한 것이라고 한다.

주민들 중 누군가 그 땅에 대한 욕심을 냈다면 부동산특별조치법 때 몰래 자기 앞으로 등기를 하고 소유권 행사를 할 수도 있었을 텐데, 아무도 기망하는 사람 없이 몇십 년을 마을 공동재산으로 관리되고 있다는 것은 대단한 일이다. 이는 누군가 마을을 위해 앞장서 봉사하고 희생하지 않았다면 마을공동체의 가치를 지켜내지 못했을 것이다.

우리 부부가 이런 동네에 정착한 것은 행운이다. 사람도 물건도 인연은 따로 있다더니 우리가 알지 못하는 어떤 끌림이 이끈 것이 분명하다. 아직은 서투르지만 이곳 주민으로 서서히 스며들고 있는 중이다.

도깨비에 홀리다

　　아침 설거지를 마치고 커피를 마시려는데 축대 공사를 하러 포클레인 기사가 왔다. 남편과 나누는 대화를 자연스레 엿듣게 되었다.
　"그 정도의 비용이면 남한강변 경치 좋은 곳에 펜션을 짓지 그랬어요?"
　"그쪽은 북향이던데요."
　"여기 도깨비 터에요. 내가 어렸을 때는 이 근처는 지나다니지도 않았어요. 예전에 여기 집이 있었는데 그 사람들 망해서 나갔고요, 여기서 농사짓던 사람도 망해서 나갔어요."
　"……"
　공기 좋은 시골에서 건강한 노후를 보내려고 나름대로 신중하게 땅을 골라 집을 지었다. 기대에 부풀어 이사했는데 도깨비 터라니. 망해서 나갔다는 말에 찬물 한 바가지 뒤집어쓴 것 마냥 서늘한 기분이 들었다. 몰랐으면 좋았을 것을 도깨비란 단어가 뇌리에 박혀 무시하려고 해도 종일 머릿속을 맴돌았다. 도깨비 터가 무엇인지 알아야 대처라도 할 것 같아 검색을 해봤다.

"도깨비 터는 흉신 터와는 달리 그 터에 거주하는 신이 있어 그 신을 달래주면 복이 오겠지만, 반대로 터 신을 노엽게 하거나 기분을 상하게 하면 오히려 화가 닥친다. 어떤 사람은 들어가서 큰 재물이나 행운을 얻지만, 어떤 사람은 패망하여 나오는 경우가 있다. 도깨비 터는 그 터에 들어가는 사람이 과연 그 기운을 감당할 만한 기운인가의 여부에 따라 흥망성쇠가 달라진다."

좋다는 것인지 나쁘다는 것인지 판단이 서지 않았다. 이미 집을 지어 이사까지 한 마당에 무를 수도 없고, 설마 나쁜 일이야 생기겠는가 하는 마음에 포클레인 기사의 말을 무시하기로 했다. 그런데 마음과 달리 도깨비란 말을 듣기 전과 들은 후에는 무심코 지나쳤던 작은 사건들에도 의미가 부여되었다.

TV도 안 나오고 신문도 볼 수 없어 종일 라디오를 통해 세상 소식을 듣고 있었다. 도깨비 터에 대한 검색을 한 이후에는 떠들썩한 것을 좋아하고 음악을 좋아한다는 도깨비를 염두에 두고 의식적으로 라디오를 틀어 놓았다. 그러던 어느 날, 주방에서 저녁 식사 준비를 하는데 갑자기 우~웅 라디오의 말소리가 크게 울렸다. 등골이 서늘해지며 긴장감이 밀려온다. 가끔 전등이 깜빡거리는 것도 저절로 라디오의 볼륨이 커지는 것도 다 도깨비장난인가 하는 의문이 들면서 애써 무시했던 마음에 요동이 일어난다.

  시골의 겨울밤은 길다. 적막하고 긴 밤, 잠은 오지 않고 둘이 할 말도 없고 맨숭맨숭한 얼굴을 쳐다보는 것도 하루 이틀이다. 부부가 화목하면 도깨비가 훼방을 놓지 못한다는데, 희희낙락 화목하다는 것을 보여 줄 뭔가가 필요했다. 그래서 생각해낸 것이 화투 놀이다. 둘이서 고스톱을 치기는 인원이 모자라고 민화투를 치기로 했다. 민화투의 룰을 검색하고 본격적으로 게임을 시작했다. 자고로 게임은 돈 내기를 해야 재미가 있는 법. 띠에 100원으로 정했다. 하룻저녁에 잃거나 따는 돈이 2천 원을 넘지 않았다. 돈의 액수가 적어 재미가 없다는 남편의 불만에 500원으로 상향 조정했다. 100원과 500원은 차원이 달랐다. 500원으로 정하자 한판에 만 원짜리 지폐가 왔다 갔다 했다. 어떤 날은 내 지갑에서 파란 지폐가 3

장이 나온 적도 있었다. 안 될 때는 연속해서 며칠을 잃기만 했다. 득의만만해진 남편은 나를 골렸고, 약이 오른 나는 못 먹어도 고를 외치며 잃은 돈을 복구하려는 일념에 열을 올리고 있었다. 그때 "똑똑" 현관문 두드리는 소리가 났다.

"이 시간에 누구지?"

화투장을 엎어놓고 남편이 일어서는 순간 섬뜩한 기운이 느껴지면서 뒷머리가 곤추섰다.

"아무도 없는데. 분명 노크 소리였지?"

"나도 분명히 들었어."

들떴던 분위기가 좀 가라앉긴 했어도 우린 다시 판을 펼치고 놀이를 계속했다. 두어 판을 더 돌았을까, 다시 현관문을 두드리는 소리가 들렸다. 남편은 현관과 테라스의 불을 다 켜고 밖으로 나갔다. 집을 한 바퀴 돌아보고 고개를 갸웃거리며 들어왔다.

"아무도 없어?"

"응, 도깨비가 왔다 갔나?"

작고 소소한 일에도 도깨비에 꺼둘림을 당해 허둥거리는 나에 반해, 그까짓 거 도깨비쯤이야 하던 남편도 도깨비를 떨쳐버릴 수는 없었던 모양이다. 이 일이 있은 며칠 후 동네 어르신 한 분이 집 구경을 하러 왔다. 의례적인 인사와 덕담을 나눈 후에 남편이 조심스레 물었다.

"어르신, 여기가 도깨비 터라는데 들어보신 적 있으신가요?"

"도깨비 터라면 좋은 거지요. 잘 달래서 살면 부자 되는 텁니다."

그분이 다녀간 며칠 후 이장님이 찾아왔다. 지난 연말 대동계 총회 때 우리가 내놓은 마을 발전기금에 대한 쓰임과 대동계 정회원으로 가입이 되었다는 것을 알렸다. 그리곤 우리가 이야기를 비치기도 전에 그가 먼저 집터에 관한 이야기를 꺼냈다.

"여기 땅 우리 사촌 형 것이었어요. 망해서 판 것 아닙니다. 예전에 여기 살았던 사람도 잘 되어서 나갔고, 이 땅에서 농사짓던 사람도 다 잘돼서 나갔습니다. 보면 아시겠지만 여기 산자락이 끝나는 이 지점에 기가 모여 있는 명당입니다. 좋은 터에 자리 잡으신 겁니다."

좋은 터에 자리 잡았다는 이장의 말에 안도감이 들었지만, 한편 정말 여기가 도깨비 터가 아닐까 하는 생각이 들었다. 포클레인 기사의 망해서 나갔다는 말, 어르신의 잘 달래서 살면 된다는 말, 그리고 이장의 망해서 판 것이 아니라는 말이 걸렸다. 마음이 찜찜해서인가 도깨비는 시도 때도 없이 의식속으로 불쑥 뛰어 들어와서 신경을 긁었다. 언제까지나

정체불명의 도깨비와 씨름을 할 수만은 없었다. 적을 알면 대처방안이 있을 것 같았다. 이번에는 네이버 검색 창에 '도깨비'를 넣었다. '도깨비 터'를 검색했을 때보다 올라 온 내용들이 많았다. 그것들을 하나씩 클릭해 읽었다.

도깨비는 장난을 좋아하지만, 인간에게 해를 가할 만큼 악독하지 않으며, 인간의 꾀에 넘어가 방망이도 빼앗기고 돈도 빼앗기고 배반도 당하는 등 어수룩하기가 그지없다는 내용들이다. 어렸을 때 수없이 들었던 도깨비 이야기들도 떠올랐다. 겁낼 이유가 없었다. 지난 두어 달을 도깨비란 놈에게 홀려 허둥거렸다는 생각에 어이가 없어 웃음이 나왔다. 전등이 깜빡거리면 한전에 문의하면 원인이 무엇인지 알았을 테고, 라디오 볼륨이 커지는 현상도 증폭기 고장이라는데 도깨비 타령만 하고 있었으니.

이사한 지 5개월, 봄을 맞았다. 봄바람이 거세다. 바람은 무엇이든 흔들어 놓는다. 펄럭이고 덜컹거리고, 어제저녁에도 바람이 현관문을 두드렸는지 "툭툭"하는 소리가 들렸다. 나는 혹시나 도깨비가 놀러 왔나 거실의 블라인드를 비집고 밖을 내다봤다. 휘영청 달빛만 마당에 내려와 앉아 있다. 나는 도깨비를 불렀다.

"도깨비야, 놀자."

까치와 직박구리와 나

집 뒤는 산이고 앞은 한포천이 흐른다. 산과 천이 모두 있어 산새와 물새를 동시에 볼 수 있다. 하천가를 날아다니는 백로, 왜가리를 비롯해 다양한 새들이 노니는 모습은 그림 같은 풍경을 만들어낸다. 석양빛을 받고 날아가는 물새들의 군무를 보고 있으면 도시에서 누리지 못한 한유(閑遊)에 귀촌하기를 잘했다는 생각을 하게 된다.

하천 근처에 사는 물새들은 하천과 논에 앉아 먹이활동을 한다. 사람이 사는 곳으로는 얼씬도 안 한다. 반면 산새들은 사람이 사는 집 주변을 맴돈다. 텃새들은 사람을 참 성가시게 한다. 참새들이 우체통 안이나 기와의 틈에 둥지를 틀고 새끼를 기르는 동안은 주변에 배설물을 허옇게 뿌려 놓고,

농작물에 피해를 준다.

 이사 와서 텃밭에 옥수수를 심고 애지중지 키웠다. 남편과 나는 처음으로 직접 키운 옥수수가 여물기를 기다리고 있었다. 까치가 옥수숫대에 자주 와서 앉아 있어도 대수롭지 않게 생각했다. 그런데 옥수수가 영글었는지 살펴보러 갔다가 껍질이 반쯤 벗겨져 있고 벗겨진 곳에는 알맹이가 없다. 가장 잘 생기고, 가장 잘 익은 것만 골라서 쪼아 먹는다. 맛있는 것만 골라 먹는 선별 능력이 탁월하다.

 내 텃밭의 작물을 탐내는 것은 까치만이 아니다. 아로니아가 까맣게 익어갈 무렵, "삐익 삐비빅." 아로니아 나무 근처에서 꽤나 시끄럽게 떠들어 댄다. 보통 새들의 소리를 운다거나 지저귄다고 표현하는데 이 새는 떠든다는 느낌이다. 처음 들어보는 새들의 수다. 새의 언어를 해석할 수는 없지만 짐작하건대 먹잇감을 발견했다고 동료와 대화하는 것처럼 보인다. 한 마리는 뽕나무에 앉아 망을 보듯 사방을 살피고, 또한 마리는 아로니아 나무에 앉아 머리를 아래위로 까딱까딱 움직인다. 궁금해서 가까이 다가가자 포르르 날아갔다.

 아로니아는 단맛도 없고 시고 떫어 새들이 먹을 것이라고는 생각지도 못했는데 나무 밑에 따먹다 흘린 것들이 떨어져 있다. 며칠 더 두었다 수확하려고 했던 것을 미리 다 따버렸다. 너무 매정한 것 같아 아직 덜 익은 것들과 이삭 몇 개는 남겨두었다. 아로니아를 수확하고 난 다음 날 새들이 날아와 뽕나무와 아로니아 나무에 폴짝폴짝 번갈아 왔다 갔다 하더니 "찌륵 찌르륵." 저희끼리 신호를 주고받더니 어디론가 휙 날아가 버렸다. 그리곤 며칠 조용했는데 거실 창 앞 포도나무에서 새들의 소리가 왁자글하다.

우리 집은 남서향이라 여름에 강한 햇빛을 가리기 위해 청포도를 심고 덩굴을 덱 위로 올렸다. 포도나무 아래에는 야외테이블을 놓았다. 현관문을 열고 나가면 머리 위로 포도덩굴이 뻗어 있고, 2년생 포도나무에는 포도가 몇 송이 달렸다. 포도가 있는 것을 어떻게 알고 왔는지 따먹다 흘린 과즙이 테이블 위에 떨어져 말라붙어 있다. 이제 막 익기 시작한 포도를 익은 것만 골라 따먹었다. 말라붙은 과즙의 단내를 맡고 개미와 파리가 꼬여 닦아 내는 것도 일이고, 군데군데 보라색 똥을 갈겨놓아 치우는 것도 성가시다.

무슨 새가 이리도 극성스러운가 하는 궁금증이 일었다. 며칠 전에 찌륵 찌르륵하는 소리를 듣고 찌르레기인가 하는 생각에 찌르레기를 검색했는데 찌르레기는 아니다. 찌르레기는 이 새보다 몸집이 작고 좀 더 매끈하게 생겼으며 깃털 색도 다르다. 연관 지어 올라온 다른 새들을 살펴보다 이놈들이 직박구리라는 것을 알아냈다. 주변에서 흔히 볼 수 있는 텃새라고 한다.

그렇다면 어디에서 한 번쯤은 봤을 텐데 나는 왜 처음 본다고 느꼈을까. 그것은 내가 새에 대해 관심이 없었던 것이고, 관심이 없었다 하더라도 새의 이름을 알고 있었다면 분명 보았을 것이다. 관심이 없으면 보고도 인식하지 못하는 청맹과니인 것이다.

"직박구리는 식물의 열매를 좋아하고 번식기에는 곤충도 잡아먹고 무리 지어 생활하며, 저보다 덩치 큰 까치를 여럿이 공격하여 쫓아낸다."고 한다. 아! 이제야 알겠다. 직박구리가 와서 아로니아를 따 먹고 포도를 따 먹을 시기에는 뒤란 잣나무에 집을 짓고 살고 있는 까치가 보이지 않는다는 것을.

우리는 흔히 기억력이 없어 잘 잊어버리는 사람들을 새대가리라며 면박을 주곤 했는데 이제는 그런 말을 쓰면 안 될 것 같다. 새들은 기억력도 좋고 먹이활동을 할 때 머리를 쓰는 것을 보면 영리하다. 까치가 땅속에 들어 있는 땅콩을 캐 먹는 것도 그렇고 직박구리가 작년에 따먹었던 포도를 기억하고 다시 오는 것만 봐도 기억력이 상당히 좋다는 생각이다. 심지어 포도가 익을 무렵에는 매일 날아와서 얼마나 익

있는지 전체를 쭉 훑으면서 살펴보기도 한다. 포도알이 한두 개 익어가자 넝쿨 아래로 날개를 펼치지도 않고 쑥 들어와 부리로 익은 알을 콕 따먹고 휙 하고 순식간에 날아간다. 이 놈들의 극성에 포도 맛을 볼 수 없을 것 같아 남편한테 봉지를 씌워야겠다고 했더니, 새들이 따먹어도 우리 먹을 것은 남아 있을 것이라며 반대를 한다. 나는 새라고 만만하게 볼 일이 아니라며 봉지를 씌웠다. 봉지를 씌운 후 찾아온 직박구리는 줄기에 앉아 봉지를 콕콕 쪼아보고 날아간 이후 더 이상 오지 않는다.

내가 너무 매정했나 하는 생각은 들지만, 까치를 몰아내고 우리 집을 차지하고 활보하던 녀석에게 집주인인 내가 텃세를 좀 부렸기로서니 잘못된 처사는 아니라고 자기 합리화를 해본다.

숨바꼭질

현관문을 열고 밖으로 나가면 어디서 나는지 구린내가 스멀스멀 올라온다. 냄새의 진원지를 찾아 마당을 쭉 훑어보았다. 잔디 풀 섶 속에 배설물이 숨어있다. 형태로 봐서 옆집 개 달이의 소행 같다. 녀석은 가끔 우리 집으로 와서 영역표시를 하거나 배설물을 남기고 간다. '요녀석 우리 집을 화장실로 아나.' 괘씸해서 일장 훈계를 할 요량으로 옆집으로 갔다. 며칠째 집 안에 칩거 중이라고 한다.

달이는 털이 북슬북슬한 몰티즈 종이다. 녀석은 주인이 현관문을 열면 쏜살같이 튕겨 나와 짧은 다리로 발발거리며 종일 돌아다니다 저녁이 되면 현관 앞에 쭈그리고 앉아 문이 열리기를 기다리고 있다. 계절에 관계없이 사방팔방 돌아다니면서 진드기를 묻혀 와서 긁어댄다. 털 속의 진드기를 잡아 주는 것도 한계가 있어 털을 밀어준 것이라고 한다. 털이 없어 발가벗은 느낌 때문인지 문을 열어 놓아도 밖으로 나올 생각을 하지 않고 집안에 틀어박혀 있다고. 달이가 용의선상에서 빠진다면 우리 집을 제집인 양 드나드는 고양이가 범인인 것이 분명하다. 그러고 보니 달이는 배설물을 숨기지도 않았고, 고약한 냄새를 풍기지도 않았다.

　4년 전 이사하고 얼마 되지 않았을 때다. 마당으로 담배를 피우러 나갔던 남편이 나를 불렀다. 어둠이 내려앉은 텃밭 끝 도랑에 노란빛을 띤 4개의 동그라미가 허공에 떠 있었다. 어미 고양이가 새끼고양이를 데리고 우리 집 마당에 들어왔다가 인기척에 도랑으로 피신을 하고 이쪽의 반응을 살피고 있는 것이다. 처음에는 밤에만 나타나더니 우리가 자기들한테 위해를 가하지 않는다는 것을 알았는지 훤한 대낮에도 돌아다닌다. 어미는 검은색인데 새끼는 누렁이다.

　그들의 정체가 드러나고 며칠 지나지 않았을 때다. 이른 아침에 옆집 아저씨가 삽을 들고 모퉁이를 돌아서 걸어왔다. 아주머니가 새벽기도 갔다 오다가 로드킬 당한 고양이를 봤는데 묻어주면 좋겠다고 해서 그리하고 오는 길이라고 한다. 그 일이 있은 며칠 후 새끼 고양이 혼자 집 주변을 배회하고 있었다. 그날 변을 당한 것이 어미였던 모양이다.

저 어린것이 어미 없이 어찌 살아갈까 걱정이 되어 먹을 것을 주었다. 처음에는 먹이를 주어도 멀리서 지켜보기만 하고 가까이 오지 않았다. 경계를 하는 것 같아 먹이만 놓아두고 나중에 확인해보면 먹이만 먹고 사라지곤 했다. 그런 시간들이 어느 정도 흐르자 이제는 제집인 양 자연스럽게 집 주변을 어슬렁거리며 돌아다닌다. 하루는 외출하고 돌아왔더니 햇빛을 피해 덱에 놓아둔 야외테이블 밑에서 배를 깔고 오수를 즐기고 있다. 내가 다가가도 도망가기는커녕 나의 일거수일투족을 감시라도 하듯 눈동자가 나를 따라 움직인다. 이제는 아예 눌러앉을 모양이다. 잠도 여름에는 뒤란의 장작더미 위에서 자고, 겨울에는 군불을 때는 아궁이 앞에서 잔다.

작년 여름 어느 날 막 잠자리에 들었는데 뒤란에서 으르렁거리며 싸우는 소리가 들렸다. 놀라서 남편보고 밖에 나가보라고 하자, 고양이들이 영역 싸움하는 것이라며 그냥 두라고 한다. 혹시라도 녀석이 저보다 힘센 놈을 만나 밀려났으면 어쩌나 했는데 집 주변을 어슬렁거리는 것을 보니 도전해 온 놈을 물리친 모양이다. 이후 확실한 자기구역을 사수했다고 생각했는지 녀석은 점점 대담해졌다.

하루는 내가 저녁 메뉴로 생선을 굽고 있었다. 부엌 창문 아래 공구를 정리해 놓은 선반이 있는데 거기 올라앉아, 환기를 위해 열어 놓은 창문으로 고개를 들이밀며 "야옹, 야옹." 한다. 느닷없는 녀석의 출연에 얼마나 놀랐는지 나도 모르게 비명을 질렀다. 비명소리에 녀석도 놀랐는지 도망을 쳤다.

그날 이후 녀석을 그냥 두어야 할지 쫓아버려야 할지 고민이 되었다. 일단 먹을 것을 주지 않기로 했다. 이제는 어느 정도 자라 스스로 먹이를 구할 수 있을 것 같기도 하고, 내가 거둘 것이 아니라면 하루라도 빨리 미련을 버리게 하는 것이 좋을 것 같았다. 어설픈 동정은 녀석의 자립에 하등 도움도 되지 않을뿐더러 생존이 더 힘들어질지도 모른다는 생각이 들었다.

먹이를 주지 않자 녀석의 모습도 보이지 않았는데, 나에게 시위를 하는 것인가. 그동안 한 번도 본 적 없는 배설물을 싸놓고 사라졌다. 배설물은 냄새가 고약하다. 냄새가 나서 찾으면 눈에 잘 뜨이지 않는 잔디가 무성한 곳에 싸 놓았다. 나는 매번 냄새의 진원지를 찾아 그것들을 처리했다. 사람의 것이든 짐승의 것이든 배설물은 불결하게 느껴져서 그것을 처리하는 것은 곤욕이다. 생각할수록 녀석이 괘씸하다. 내 눈에 띄기만 해봐라. 다시는 얼씬도 못 하게 쫓아버리고 말 것이라며 벼르고 있었다.

 어느 날 해가 지고 사위가 어스름해진 저녁 음식물쓰레기를 버리려고 마당을 가로질러 가는데 마당 귀퉁이 가마솥을 걸어 놓은 곳에서 녀석이 후다닥 뛰어나와 언덕 위로 올라가더니 더 이상 도망은 가지 않고 내 행동을 주시하고 있다. 쓰레기를 버리고 다시 마당으로 돌아와도 그 자리에 앉아서 나를 바라보고 있다. 나도 녀석을 물끄러미 바라봤다. 내가 읽을 수 없는 눈빛으로 나를 멀뚱멀뚱 쳐다보고 있다. 차마 내쫓지는 못하고 그냥 집 안으로 들어왔다.

 고양이는 흙을 파고 배변을 하고 뒤처리를 확실히 하고 흔적을 남기지 않는다고 하는데 왜 잔디에 싸놓고 사라졌을까. 먹이를 달라고 시위를 하는 것인가. 아니면 '나 여기 있다.'고 자기 존재감을 드러내는 것인가. 대화를 할 수만 있다면 타협점을 찾을 텐데. 고양이도 내 말을 알아듣지 못하고 나도 고양이의 말을 알아듣지 못하는 것은 마찬가지다. 그냥 이대로 고양이는 숨기고 나는 찾아내는 수고를 하며 사는 수밖에 도리가 없을 것 같다.

그녀가 궁금하다

버스 네댓 정거장 거리에 새로 목욕탕이 문을 열었다. 새로 개업한 목욕탕 건물 외벽에는 지하 700m에서 끌어올린 천연유황온천수임을 알리는 대형현수막이 걸려있었다. 동네의 낡고 허름한 목욕탕을 어쩔 수 없이 이용하고 있었는데 유황온천탕이라는 문구는 나의 관심을 끌기에 충분했다. 유황온천수 때문인지 새로 생긴 목욕탕이어서인지 주말에는 사람들로 바글거렸다. 덩달아 같은 건물의 해물칼국수집도 성업 중이었다.

 사람이 많은 주말을 피해 월요일 아래층에 사는 이웃 언니와 버스를 타고 그곳엘 갔다. 예상대로 사람들이 별로 없어 썰렁한 기운마저 돌았다. 우린 여유롭게 샤워를 하고 사우나

실로 들어갔다. 몸매가 예쁜 여자 혼자 땀을 빼고 있었다. 나는 긴 의자에 앉아 무심코 바닥에 앉아 있는 여자를 건너다봤다. 어디서 본 듯한 얼굴이다. 나도 모르게 흘끔흘끔 쳐다보며 어디서 봤는지를 기억해 내려고 머리를 굴리고 있었다. 내 눈길이 불편했는지 그녀가 먼저 말을 걸었다.

"나를 아세요?"

"어디서 본 듯해서요."

나는 고개를 갸웃하면서 기억을 더듬었다. 그러다 문득 서영춘이란 이름이 스쳤다.

"서영춘?"

"어! 난 서춘인데."

"아! 생각났다. 서춘, 언니 이름은 서영이라고 했지. 둘의 이름을 합치면 당시 유명한 코미디언 서영춘이 된다고 했던 기억이 난다."

고등학교를 졸업한 지 20년이 되기는 했지만 우린 서로를 알아보지 못했다. 3년 동안 같은 반을 했고 같은 동네에서 같은 번호의 버스를 타고 학교에 다녔는데 어떻게 서로 알아보지 못했는지 모르겠다. 하긴 그녀와 나는 노는 물이 달랐다.

예나 지금이나 작은 키에 통통하기까지 한 나는 맵시도 없을뿐더러 외모를 꾸미는 데에도 소질이 없다. 나와 가까이 지내는 친구들 역시 나와 성향이 비슷해 외모를 꾸미는 일에는 별 관심이 없는 편이다. 우리는 입학할 때 맞춰 입은 교복을 3년 동안 그대로 입고 다녔다.(키가 자라지 않아 단을 낼 필요도 없었다.) 그런 우리들과 달리 춘이와 같이 다니는 친구들은 날씬한 허리가 강조되도록 몸에 딱 달라붙게 줄여서 입고 다녔다. 얼마나 바짝 줄였는지 의자에 앉을 때는 박음질이 터질까 봐 단추를 두어 개쯤 풀어 놓을 정도였다.

겁이 많은 우리는 학교에서 하지 말라는 것을 하면 큰일이 나는 줄 알고 지키려 애썼다. 우리 학교는 머리모양을 단발과 양 갈래로 땋아 내리는 머리를 모두 허용했는데 단말은 귀밑 1센티미터고, 양 갈래로 땋은 머리도 어떤 규정이 있었는데 기억은 나지 않는다. 귀밑 1센티미터는 검열에 나선 교련 선생님이 자를 들고 다니면서 길이를 쟀기 때문에 잊을 수가 없다. 카랑카랑하고 매의 눈을 가진 교련 선생님이 무섭지도 않은지 몇몇 아이들은 앞머리를 핑클 파마를 하고 약간 웨이브 진 머리를 감추고 다녔다.

사우나가 취미라는 그녀는 자기 집 근처 목욕탕은 아는 사람을 만나는 것이 싫어 원정을 왔다고 했다. 우린 사는 동네가 어딘지, 아이가 몇인지, 학창 시절에 붙어 다녔지만, 지금은 연락이 닿지 않은 친구들이 궁금하다고 이야기하던 중, 그녀의 시선이 위에서 아래로 쓱 지나간다.

"얘, 너 살 좀 빼야겠다."

여전히 그녀는 활달했고 거침이 없었다. 처음 본 내 동행에게도 언니라고 부르며 친근하게 굴었다. 나는 뜨거운 사우나실을 서너 번 들락거리다 친구에게 때를 밀자고 했다. 그녀는 주말에 온천을 다녀왔다며 오늘은 사우나만 하러 왔다는 것이다. 수도꼭지 앞에 쪼그리고 앉아 때를 밀면서 친구가 사우나실과 냉탕을 오가는 모습을 간간이 쳐다봤다. 썬텐을 한 것 같은 까무잡잡한 피부, 군살 하나 없이 매끈한 몸매 왠지 평범한 전업주부 같아 보이지 않았다.

목욕이 거의 끝나갈 무렵 친구는 음료수 두 병을 건네고는 사우나실로 다시 들어갔다. 생각지도 않았던 음료수를 받아 든 나와 일행은 서로 얼굴을 마주 봤다.

"혹시 저 친구 암○○이나 하이○○이나 보험설계사 그런 일 하는 친구 같지 않아?"

"글쎄요. 평범한 전업주부 같지는 않아 보이긴 해요. 처음 본 사람한테 언니라고 붙임성 있게 구는 것도 그렇고."

그녀가 음료수를 건넨 것은 뭔가 의도가 있을 것이란 의심을 하며 개운하지 않은 마음으로 음료수를 마셨다. 20년 만에 우연히 만난 동창생이 반갑다고 건넨 음료수 한 병을 두고 우린 너무 많은 의미를 넣어 마음대로 해석을 하고 있었다. 나는 종종 영업을 하는 주변 지인들의 부탁을 거절하지 못해 꼭 필요하지 않은 물건들을 샀고, 거절하고 나서도 마음이 불편했던 기억이 떠올라 그녀도 필시 무슨 의도를 가지고 접근하는 것이란 생각을 했다.

 지인들 역시 처음부터 나에게 물건을 사라고 권유하지는 않았다. 지나가다 생각나서 들렀다지만 그들은 분명한 목적이 있었다. 아이들 교육 문제나 건강에 관한 좋은 정보를 알려주는 것이 목적인 양 이야기하지만 결국에는 책과 건강식품, 보험 같은 것을 가입하라는 것이었다. 평시에 기운이 없어 비실대는 나는 그들이 권하는 건강식품에 귀가 솔깃해져서 건강식품을 샀고, 책을 많이 읽은 아이들이 똑똑해져 나중에 학업성적이 월등해진다는 말에 고가의 전집을 들여놓았다. 어디 특별히 아픈 데도 없는 내가 건강식품을 꾸준하게 챙겨 먹는 것은 쉬운 일은 아니었다. 타고난 허약체질이 건강식품을 먹는다고 기운이 펄펄 나지도 않았다. 다른 아이들보다 똑똑해지라고 사준 고가의 과학 시리즈도 아이가 몇 번 들춰보기는 했지만, 책장에 모셔졌다. 장식으로 전락한 전집을 볼 때마다 부아가 났지만, 누구를 원망할 수도 없었다.

다시는 누가 좋다고 하는 것을 외면하리라 마음먹었지만 나는 매번 허점을 찔렸다. 새로 분양받은 아파트의 대출금 때문에 생활이 빠듯한데도 불구하고 미래에 일어날지도 모르는 위험에 대비하려면 보험은 필수라는 말에 내 경제적 여력은 생각지도 않고 가입한 보험들이 나를 힘겹게 했다. 그리고 얼마 전 조카가 길에서 우연히 만난 고등학교 동창 녀석의 꼬임에 넘어가 다단계 조직에 들어갔다가 빠져나오는 데 애를 먹었던 일도 생각났다. 이런 직간접 경험들이 나를 긴장하게 만들었다.

친구는 탈의실에서 옷을 갈아입고 나를 기다리고 있었다. 청바지에 흰 셔츠만 입었는데도 세련미가 묻어났다. 그녀는 나에게 전화번호를 물었다. 달갑지 않지만 거절할 수는 없고 서로 번호를 교환했다. 전화번호를 받아든 친구는 지금 비즈공예를 배우고 있는데 같이 배울 생각이 있으면 연락을 달라고 했다. 평소 같으면 목욕탕 위층의 해물칼국수 집에서 점심을 먹고 돌아왔을 테지만 그날은 그럴 마음이 없었다. 차를 가지고 온 친구가 태워주겠다는 것도 사양하고 버스 정거장에서 버스를 기다리며 주차장을 빠져나가는 그녀의 차 뒤꽁무니를 멀거니 바라봤다.

그렇게 헤어지고 나서 얼마 동안은 만약 전화가 와서 나에게 무얼 팔아달라거나 가입하라고 하면 어떤 핑계를 대며 거절할까를 고민했다. 그러나 친구로부터 전화는 오지 않았다. 어쩌다 한번 그녀가 떠오를 때가 있다. 그럴 때면 괜스레 미안한 마음이 든다.

  지금 그녀는 어디서 무얼 하며 살고 있는지 정말로 그녀의 소식이 궁금하다.

어린것들은 예쁘다

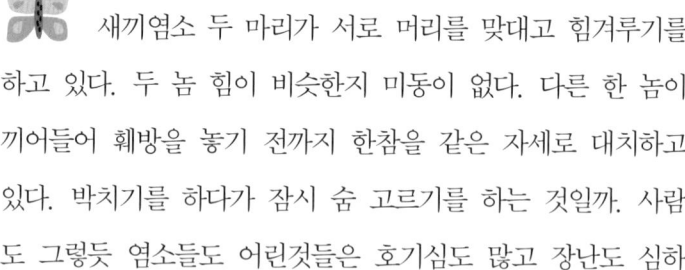 새끼염소 두 마리가 서로 머리를 맞대고 힘겨루기를 하고 있다. 두 놈 힘이 비슷한지 미동이 없다. 다른 한 놈이 끼어들어 훼방을 놓기 전까지 한참을 같은 자세로 대치하고 있다. 박치기를 하다가 잠시 숨 고르기를 하는 것일까. 사람도 그렇듯 염소들도 어린것들은 호기심도 많고 장난도 심하다. 저희끼리 우당탕 뛰어다니고 몸으로 부딪치며 논다.

염소는 태어나서 몸에 묻은 양수만 마르면 스스로 일어나서 걷고 어미젖을 찾아 먹고 대부분의 시간을 잠자는 데 쓴다. 자는 모습도 각양각색이다. 다른 놈을 베고 자는 놈, 얌전히 앉아서 눈만 감고 있는 놈, 고개를 뒤로 젖히고 졸다가 머리의 무게 때문에 흔들리면 화들짝 놀라 깨어나는 놈 보고

있으면 절로 웃음이 난다. 태어난 지 열흘 정도만 지나면 저희끼리 잘 논다. 어떤 놈은 졸고 있는 놈에게 다가가 발로 툭툭 쳐서 깨워 같이 젖도 먹고 천방지축 뛰어다니다 박치기 놀이를 한다. 빡 소리 나게 힘이 들어가는 박치기는 한 번에 완성되는 것이 아니라 연습과 실패가 만들어낸 결과물이다.

어린것들의 박치기는 일종의 놀이며 연습이라 그런지 참 귀엽다. 상대보다 자기가 덩치도 더 크고 힘이 더 세다는 것을 과시라도 하는지 앞발을 높이 들고 몸을 띄워서 상대를 공격한다. 조준 실패로 상대 근방도 못 가고 바닥에 꼬꾸라지지만, 아기가 엉덩방아를 수없이 찧으며 걸음마를 완성하듯 새끼염소들도 여러 번의 실패를 거듭하고서야 머리와 머리를 부딪치며 박치기를 완성한다. 염소들은 서열 싸움에서 박치기로 승부를 가리기 때문에 놀이가 아니라 생존 수단이다. 반드시 익히고 갈고닦아야 하는 필수 요소다.

염소들이 서열 싸움을 하는 것을 보면 정말 치열하다. 처음 염소를 한 농장에서 암컷 두 마리를 사다 넣었을 때는 별문제가 없었다. 이미 서열이 정해진 상태였고 둘이 서로 의지하는 것 같았다. 다만 먹이를 먹을 때만 힘센 놈이 약한 놈을 위협하는 정도였다. 그러다 다른 농장에서 염소를 두 마리 더 사 왔을 때 문제가 생겼다. 새로 들어온 놈은 낯선 농장에 적응도 해야 하고 먼저 온 놈의 텃세에 눌려 제대로 대적도 못 하다가 어느 정도 적응 기간이 끝나자 도전을 시도했다.

도전의 과정은 정말 살벌했다. 며칠 동안의 전쟁으로 축사 안의 공기는 긴장감이 돌았다. 먹이를 먹다가도 느닷없이 상대를 공격한다. 서로 지지 않으려고 안간힘을 쓰며 박치기를 하는 모습을 보면 저러다가 골이 깨지지는 않을까 염려가 될 정도다. 승부가 나면 패자는 승자의 눈치를 보느라 제대로 먹지도 못한다. 먹이를 먹다가 힘센 놈이 고개만 흔들어도 깜짝 놀라 물러선다. 그뿐인가. 느긋하게 되새김질을 하며 쉬고 있을 때도 느닷없이 공격을 당하기 일쑤여서 먹이를 먹을 때나 쉴 때도 긴장을 늦추지 못한다. 처절한 서열사회에서도 어린것들에게는 관대하다.

젖을 떼고 사료를 먹을 때 큰놈들 사이를 비집고 들어가거나 먹어도 쫓아내지 않는다. 먹이통에 올라가 엎드려 있어도 들이받거나 쫓아내지 않는다. 심지어 대장(우리는 씨 염소를 그렇게 부른다.)이 쉬고 있을 때 등을 타고 오르내려도 가만히 내버려 둔다. 어떤 놈은 대장이 서 있으면 점프를 해서 등에 올라탄다. 물론 한 번에 오르지는 못하고 거듭된 연습을 거쳐야만 오르는 경지다. 새끼들이 어느 정도 성장할 때까지는 관대하게 봐준다.

　사람처럼 훈육하지는 않지만 그들 나름대로 어떤 법칙이 있어 후손을 길러내는 것 같다. 새끼들이 내는 작은 소리에도 어미가 반응하고, 장난치며 놀다가도 어미의 신호에 쏜살같이 달려가 젖을 먹는다. 어미의 젖꼭지를 입에 물고 머리로 젖무덤을 박치기하면서 먹는다. 새끼들이 이토록 전투적인 것은 어미가 충분한 시간을 주고 먹이지 않아서인 것도 같다. 새끼들이 달려와 네댓 모금만 먹으면 다리를 들어 더 이상 먹지 못하게 제지를 한다. 몇 모금 먹은 것으로는 성에 차지 않은 새끼들이 미련이 남아 입맛을 다시며 어미 꽁무니를 쫓지만, 어미는 자리를 피한다. 이것은 겁 많은 초식동물이 위 포식자에게 언제 당할지 모르기 때문에 생겨난 생존방식인지도 모르겠다. 시간 가는 줄도 모르고 새끼들의 재롱을 보고 있노라면 웃음이 절로 배어 나온다.

　개를 좋아하지 않아서 절대로 애완견은 집에 들이지 않겠다고 큰소리쳤는데 막상 키우게 되면 자식 못지않은 사랑과 정성을 쏟아 키우는 사람들을 봤을 때 이해하지 못했다. 강아지처럼 재롱을 피우지도 말귀를 알아듣지도 못하는 염소를 키우는데도 내가 키우는 동물이라 그런지 애착이 간다. 축사에 먹이를 주러 가서 주차하고 시동을 끄면 모두가 메에에~~ 합창을 한다. 어린것들은 더 높은 하이톤으로 메에~~에 하고 나를 반긴다. 까맣고 초롱초롱한 눈에 호기심을 가득 담고 살금살금 다가와 빤히 바라본다. 귀여워서 머리라도 쓰다듬을라치면 움찔하며 뒤로 물러난다. 곁을 주지 않는 놈이 얄밉지만 그래도 예쁘다.

어린것들은 존재 자체만으로 예쁘다.

무심도 병이다

아들한테 전화가 왔었다는 것을 하룻밤이 지나고 나서야 알았다. 전화 올 때가 별로 없어 전화기를 잘 들여다보지 않아 이런 일이 자주 발생한다. 받지도 않는 전화기는 왜 가지고 다니느냐는 핀잔을 듣지만 잘 고쳐지지 않는다.

휴일이라 아들이 늦잠을 잘 것 같아 열 시쯤 전화를 걸었다. 신호는 가는데 받지 않는다. 잠시 다른 일을 하느라 못 받았다 하더라도 전화가 왔었다는 걸 알면 바로 할 텐데 감감소식이다. 기다리다 못해 다시 전화를 걸었다. 지금 전화를 받을 수 없다는 메시지만 들린다. 불길한 생각이 스친다. 아들한테 달려가야 할 것만 같다. 그러나 갈 수 없다. 아들이 사는 도시는 알고 있지만, 집도 주소도 모르고 있었다는 사실에 가슴이 꽉 막힌다.

　사회지도층 인사가 딸의 스펙을 부모의 인맥과 영향력으로 만들어 준 것이 세상에 알려지면서 온갖 풍문들이 떠돌았다. 설왕설래하는 내용들을 접하면서 힘없고 능력 없는 부모의 한 사람으로서 한동안 가슴이 아렸다. 부모의 도움 없이 혼자 힘으로 정글 같은 사회에 나가 가시밭길을 헤쳐나가고 있는 아들에게 미안하고 또 미안했다.

　한때 나도 위장전입을 심각하게 고민한 적이 있었다. 아이가 초등학생일 때 우리가 살고 있는 지역은 고교평준화 지역이 아니었다. 이 지역의 중학교에서는 입시 성적이 좋은, 소위 말하는 명문고에 진학하기가 어려운 지역이었다. 집 근처에 있는 인문계 고등학교는 하위권 학생들이 주로 가는 학교라 공부와는 거리가 멀었다. 이런 연유로 이 지역 아이들은 초등학교 고학년만 되면 전학을 갔다. 오학년에서 육학년 올라갈 때 학급 하나가 줄었다. 육학년 학기 중에도 한 학급 정도 전학을 갔고, 남아 있던 아이들도 중학교 배정을 받기 전에 또 한 학급 정도가 줄어들었다.

　아들이 오학년이 되었을 때 같은 반 친구 엄마는 자기 아이와 실력이 비슷한 것 같으니 같이 묶어서 전학을 보내자는 제의를 했다. 명문 고등학교가 있는 인근 시는 큰 도로를 경계선으로 이쪽과 저쪽을 나누었다. 전학을 하게 되면 버스를 타고 다녀야 하는데 혼자 다니는 것보다 둘이 같이 다니면 좋지 않겠느냐고 했을 때, 아이에게 편법을 가르치고 싶지 않다는 생각에 일언지하에 그 제의를 거절했다.

국회 인사청문회가 열릴 때마다 위장전입 문제는 단골로 등장하는 메뉴다. 솔선수범해야 할 높으신 분들이 잘못되었다고 사과하는 모습은 보기 좋지 않았지만, 그 문제로 낙마하는 경우는 없었던 것 같다. 법을 만들고 지켜야 하는 사람들이 솔선해서 법을 어겨도 문제되지 않는다는 것을 본 사람들도 위장전입은 공공연히 해도 되는 것이라고 인식되었다.

잘난 것도 없는 소시민인 내가 법을 지키고 산다는 자부심은 얼마 못 가서 후회로 돌아왔다. 지방의 국립대학에 진학한 내 아들과 달리, 같이 전학을 가자고 했던 아이는 의대에 들어갔고, 그때 대거 위장전입으로 전학을 갔던 다른 아이들도 소위 말하는 명문대에 진학했다는 소식을 들었을 때 그 알량한 법을 지킨다고 자식의 앞길을 막았다는 생각에 자괴감이 들었다.

아들이 중학생이 되었을 때 고교평준화가 되었다. 평준화가 되면 집 근처의 고등학교에 배정되는 것을 알고 있었음에도 불구하고 어디에 있든 공부는 제 하기 나름이라고만 생각했지, 아이들에게는 학습 분위기가 중요하다는 것을 간과한 내 불찰이었다. 상위권 아이들이 대거 빠져나간 상태라 학습 분위기는 잡히지 않았다.

  대학을 다니기 위해 낯선 도시에 가서 하숙을 구할 때도 나는 아무런 도움을 주지 않았다. 신입생 오리엔테이션에서 만난 선배들의 도움을 받아서 본인 스스로 집을 구했다. 입학 며칠 전 남편과 나는 아들이 구한 하숙집에 짐만 실어다 주고 돌아왔었다. 아들이 군 복무를 마치고 복학할 때 방을 구하러 가자고 했다가, 정작 도움이 필요할 땐 가만히 있다가 이제 와서 새삼 관심을 가지느냐는 핀잔만 들었다. 그러면서 신입생 때 살았던 하숙집 아주머니가 형제 관계를 물어봐서 외동이라고 했더니 깜짝 놀라더라는 것이다. 자기가 하숙을 시작한 이래 지금까지 신입생 부모가 짐만 부려놓고 돌아간 사람은 우리밖에 없었다고 하면서 진짜 외아들이 맞느냐고 반문했다고 한다.

  외동으로 자란 사람은 어딘지 모르게 하는 행동들이 표시 난다는 말을 많이 들었다. 아들도 외동으로 자라 버릇없다든가 자립심과 사회성이 부족하다는 소릴 들을까 봐 신경을 썼다. 일부러 응석 같은 것은 받아주지 않았고 원하는 것도 다 해주지 않았다. 초등학생 때는 사회생활을 익히는데 도움이 될 것 같아 보이스카우트 활동을 하도록 했고, 아는 친구 하나 없는 캠프를 보내기도 했다. 그런 덕분일까. 현역으로 군대에 간 아들이 처음 배치를 받고 입소했을 때 선임들이 외동이 아닌 동기가 외동아들 같고, 아들에게는 위에 형이 있을 것 같다고 했다는 것이다. 그리고 외동아들이라는 표시가 나지 않는 비결이 무엇이냐고 질문을 받았다며, 엄마의 잔소리가 오늘의 저를 만들었다고 너스레를 떨었다.

다행히 아들도 내 의도대로 어려서부터 떼쓰는 일도 없었고, 자기 고집은 있지만 제가 할 일은 부모의 손을 빌리거나 걱정하게 하지 않았으므로 나도 모르게 무심한 어미가 된 것이다.

종일 아들의 전화를 기다리는 동안 오만가지 생각을 하면서 하루를 보냈다. 저녁때가 되어서야 통화가 되었다. 더위를 식히려고 친구들과 계곡에 놀러 가서 통화가 안 되었다고 한다. '별일 없다는 안부를 확인하고 무심한 듯 "아들, 엄마가 아들이 어디 사는지도 모르네. 한 번 가보게 주소 좀 보내 봐." 하고는 통화를 마쳤다.

온종일 통화가 안 되어 애가 탔다는 이야기는 끝끝내 하지 않았다.

나는 오늘도 낚였다

"딩동."

"택뱁니다."

엊그제 주문한 그릇 세트가 배달되어 왔다. 올해 설부터 시아버지님의 제사와 차례를 우리 집에서 지내게 되었다. 아들과 세 식구가 단출하게 살다가 형제들과 조카들이 모여 함께 식사하려니 그릇이 모자랐다. 결혼할 때 장만한 그릇들을 30년 가까이 쓰는 동안 깨지거나 이가 빠져 버렸더니 짝도 맞지 않는다. 설이 오기 전에 새로 그릇을 장만해야겠다고 생각하고 있었다.

며칠 전 무심코 TV를 켰다. 특별히 어떤 프로를 보려고 튼 것이 아니라서 채널을 이리저리 돌렸다. 홈쇼핑 채널은

지상파방송 사이사이에 끼어있어 채널을 돌릴 때 자연히 눈길이 간다. 그러다 내가 필요하거나 관심을 가지고 있던 품목과 만나면 집중해서 보게 된다. 마침 내가 사려고 염두에 두었던 그릇을 팔고 있다. 아직 설이 오려면 멀고 오늘만 날인 것도 아니고, 다음에 더 좋은 조건으로 팔지도 모르니까 이번에는 제품에 대한 정보만 알아두려고 했었다. 별로 필요하지 않은 물건도 쇼호스트의 현란한 말솜씨에 충동구매를 한 적이 여러 번 있었기 때문에 절대로 말려들지 않을 것이라고 굳은 결심을 하며 보고 있다.

제품설명을 하는 쇼호스트는 밥그릇과 국그릇, 큰 접시와 작은 접시가 고루 들어 있어 이것 한 세트만 있으면 어지간한 상차림은 할 수 있는 구성이라고 열심히 설명한다. 이번 방송에서만 새로 추가된 냉면 그릇과 수저 세트는 다시는 줄 수 없는 구성이라며 강조를 한다. 방송이 끝남과 동시에 추가구성의 혜택은 사라지고, 곧 매진이 예상된다는 말에 마음이 급해졌다. 나는 어느새 신용카드를 찾아들고 전화기 버튼을 누르고 있다. 주문을 마치고 화면을 봤다. 정말 매진이 된 것인지 정해진 방송 시간이 끝났는지 다른 제품을 팔고 있다. 나는 또 지름신이 내릴까 봐 얼른 리모컨의 끄기 버튼을 꾹 눌렀다.

요즘 나는 가끔 우리가 돈을 버는 것이 새로 나온 물건들을 구매하기 위해서가 아닐까라는 생각을 한다. 전에는 존재하지도 않던 새로운 물건이 나오고 그 물건은 어느새 우리 생활에 없어서는 안 될 생활필수품이 된다. 전에는 그것이 없어도 불편함을 느끼지 못하고 살았는데 이제는 그것들이 없으면 불편하기 짝이 없다. 냉장고가 그렇고 세탁기, 김치냉장고, 자동차, 휴대전화 등. 기업에서는 끊임없이 새로운 물건을 만들고 그 물건의 효용가치를 대대적으로 홍보하고 은연중에 세뇌당한 우리는 그것을 사고 싶은 유혹에 빠진다.

새로운 물건에 대한 호기심에 물건을 사기도 하지만 꼭 필요하지 않은 물건도 우리는 광고에 현혹되어 주머니를 연다. TV가 없을 때도 잘 살았는데 이제는 집집마다 TV가 없는 집이 거의 없다. 공중파 방송에서 내보내는 프로도 다 못 보고 살면서, 새로운 개념의 IPTV(Internet Protocol TV)에 가입했다. IPTV에 가입하면 놓친 방송도 내가 원할 때 다시 볼 수 있고 스포츠, 음악, 영화, 종교방송 등등 채널이 많기도 하다. 그 많은 방송을 다 볼 것도 아닌데 상술의 꾐에 빠져 가입을 하고 말았다. 집 전화와 휴대전화, 인터넷에 IPTV까지 묶으면 인터넷이 공짜라는 말에 가입을 했다. 세상에 공짜는 없다는데도 공짜라면 언제나 귀가 솔깃해진다. IPTV 연결 후 처음 얼마간은 그 전과 별로 달라진 것이 없었다. 그러다 점차 TV를 보는 시간이 늘어났다. 다양해진 채널은 볼 것도 많다. 재미가 없으면 리모컨을 이리저리 돌리다 홈쇼핑 채널을 만나면 살 것도 아니면서 보고 있는 나를 발견한다. 홈쇼핑에서는 별것을 다 판다. 먹을 것, 입을 것은 기본이고 미용기구, 화장품, 장신구, 가전제품, 아이들 전집류 등등. 집에 가만히 앉아서 전화기 버튼만 누르면 현관까지 배달을 해준다. 홈쇼핑은 할인마트와 마찬가지로 주로 물건을 무더기로 판다. 모델 뺨치는 외모의 쇼호스트가 49,000원에 5장의 티셔츠를 판매한다. 티셔츠 한 장에 만원도 안 된다. 쇼호스트는 어디에서도 이 가격에 이렇게 좋은 물건을 살 수 없을 거라고 열변을 토한다. 이어 늘씬한 모델들이 그 옷들을 입고 포즈를 취한다. TV로 보고 있는 동안 내 신체 사이즈는 잠시 잊는다. 나도 저 옷을 입으면 모델처럼 예쁠 것 같은 착각에 버튼을 누르게 된다. 며칠 후 배달되어 온 옷을 입어보면 실망스럽기 그지없다. 마음에 들지 않아서 하는 반품은 단순 변심에 해당되어 반품이 되지 않으므로 적당한 핑계를 대고 반품을 한다.

  대체로 옷은 반품이 쉽게 이루어지는데 미용기구라든가 소형가전의 반품은 쉽지 않다. 머리 손질하는 고데기를 산 적이 있었다. 강남의 유명한 미용실의 미용사가 나와 시연을 하는데 쉽게쉽게 머리 손질을 했다. 나도 저것만 사면 미용실에 가지 않고도 볼륨 빵빵하게 넣은 머리를 예쁘게 손질할 수 있겠구나 하는 생각에 덜컥 샀다. 거울을 보고 달궈진 고데기로 앞머리를 말았다. 거울을 보고 머리를 마는 것은 쉽지 않았다. 내가 원하는 방향이 아닌 반대 방향으로 말렸다. 바로 잡으려고 손의 방향을 바꾸려다 그만 뜨거운 고데기에 손만 데었다. 반품하려고 전화를 걸었다. 개봉해서 한 번이라도 사용한 물건은 반품이 되지 않는단다. 사용하지도 못하고 반품도 안 되는 것이 고데기 말고도 또 있다. 한동안 열풍이 불었던 스팀다리미인데 시연하는 사람은 구겨진 주름을 말끔히 잘도 펴는데 내가 하면 왜 안 되는지 모르겠다. 사용하지도 버리지도 못하고 방구석에 자리만 차지하고 있다. 조만간 재활용하는 날 버려지게 될 운명이다. 지난번 머리 염색약도 그들이 시연할 때는 물이 잘도 드는데 내 흰머리는 물이 들지 않았다. 염색약도 반품하지 못한 채 쓰레기통으로 들어가고 말았다. 이쯤 되면 절대로 홈쇼핑에서 물건을 사지 않아야 정상인데 매번 화면발에 속고 쇼호스트의 현란한 말솜씨에 또 넘어간다.

 살림살이에 무심한 남편도 내가 홈쇼핑에서 충동구매를 한 물건들을 반품하거나 쓰지 않고 쌓아 놓은 것을 보고는 홈쇼핑 채널을 돌리기라도 하면 또 무엇을 사려고 하느냐고 잔소리를 한다.

"귀가 얇아서 큰일이다. 제발 홈쇼핑 좀 하지 마! 저기 자리만 차지하고 있는 자전거, 그리고 저쪽 방구석에 세워 둔 스팀다리미는 어쩔 거야."

"나도 매일 타고 싶지. 그런데 안장이 너무 높고 엉덩이가 아파서 못 타겠어."

"그러니까 홈쇼핑에서 물건 사지 말라고! 직접 보고 시연도 해보고 제대로 된 것을 사야지. 하여간 쇼핑중독이라니까. TV를 없애던지 원."

홈쇼핑에서 또 물건을 산 걸 남편이 알면 분명 지청구를 들을 것이다. 그가 퇴근하기 전에 배달되어 온 그릇들을 눈에 띄지 않게 싱크대 안에 정리해 놓았다. 그릇을 담아왔던 상자도 가지런히 잘 펴서 베란다 구석 눈에 띄지 않는 곳에 두었다. 재활용품 버리는 날 재빨리 버리기만 하면 된다.

오늘 내가 물건을 산 걸 알기라도 하는지 평소에는 내가 온종일 무얼 했는지 관심도 없더니만, 저녁을 먹으면서 남편은 오늘 하루 어떻게 보냈느냐고 묻는다. 찔리는 것이 있는 나는 머뭇거리며 대답했다.

"오랜만에 싱크대 정리했더니 피곤하네."
새로 산 그릇 때문이란 말은 하지 않았다.

자아도취

 장면 1

선생님의 풍금에 맞춰 아이들은 저마다 목청껏 노래를 부르고 있다.

"아가야 나오너라 달맞이 가자…"

선생님은 아이들이 틀리게 부르는 부분을 바로잡으려고 "그만." 하신다. 다른 아이들은 다 노래를 멈추고 부르지 않는데 한 아이만은 무아지경으로 노래를 부르고 있다. 선생님은 목청껏 노래하는 아이를 위해 계속 풍금을 치고 계신다. 아이는 어느 순간 주위가 조용하다는 것을 느끼고 노래 부르기를 멈춘다. 그러자 선생님은 그 아이가 틀리게 부른 부분을 반주하며 시범을 보인다. 반 아이들 모두 그 부분부터 다시 노래를 부른다. 그 아이는 자기가 노래를 잘 부르지 못한다는 것을 전혀 모른다.

장면 2

여고생 육십 명이 음악실에서 실기시험을 보고 있다. 시험이 끝난 다음 선생님은 점수를 쭉 불러주시고 이의가 있으면 재시험을 볼 수 있다고 하신다. 다른 친구들보다 월등히 낮은 점수를 받은 학생은 재시험을 보려고 피아노 앞에 섰다. 선생님의 반주에 맞춰 노래를 부르기 시작한다. 한 소절도 다 부르기 전에 선생님은 피아노 반주를 '탁' 멈추고 약간은 신경질적인 톤으로 나무란다.
"점수 더 깎기 전에 얼른 들어가!"
자리로 돌아가려고 돌아서는데 120개의 눈동자가 온몸에 꽂힌다. 순간 뜨거운 기운이 얼굴로 확 올라온다. 남은 음악 시간이 길고 지루해 종치기만을 기다렸다.

장면 3

 음치라는 걸 인식한 아이는 교내 합창대회 때 립싱크를 하게 된다. 자기가 잘못 내는 음 때문에 열심히 연습하고도 상을 타지 못하게 될까 봐 걱정해서다. 합창대회가 끝나고 종례 시간에 담임선생님은 진노한다. 누군가 붕어처럼 입만 벙긋거리고 성의 없이 노래를 불렀다는 질책이다. 방과 후에 열심히 연습한 보람도 없이 립싱크한 그 아이는 변명도 못하고 가슴이 따끔거리며 아팠다.

장면 4

 아이는 자라 어른이 되어서도 노래 부르는 것에서 자유로울 수가 없다. 음주가무를 즐기는 민족답게 모임이나 회식의 뒤풀이를 노래방에서 하는 것이 다반사다. 문학기행을 가는 데도 노래는 빠질 수 없다. 관광버스에는 노래방 시설이 되어있고 번쩍거리는 조명도 설치되어 있다. 이동하는 길고 지루한 시간을 노래를 부르며 가는 것도 즐거움 중의 하나다. 담소를 나누는 것도 좋고 잠을 자는 것도 좋지만 함께하는 사람들과 노래하며 장단을 맞추다 보면 지루한 것도 잊게 되고 친분도 더 도타워지는 것 같다. 그러다 보니 피할 수 없는 순간이 꼭 한 번은 돌아온다. 그럴 때면 그 순간을 어떻게 넘겨야 하나 심장이 두근거리기 시작한다. 노래를 부르지 않고 넘어가는 것이, 노래를 부르는 것보다 순간적으로 더 힘들게 느껴지지만 부를 용기는 없다. 노래를 불러도 부르지 않아도 흥겨운 분위기를 깨는 것은 마찬가지지만 부르지 않는 쪽이 그래도 마음이 더 편하다.

몇 개의 에피소드는 내가 지금껏 살면서 일어난 일들이다. 나도 노래를 잘 부르고 싶지만 언제나 마음뿐이다. 어쩌다 흥이 나서 혼자 흥얼거려보기도 한다. 그러다 가족들이 듣기라도 하면 비명을 지른다. 편곡을 너무 심하게 한다며 도저히 참고 들어 줄 수가 없다는 것이다. 노래를 못 부른다고 흥까지 없는 것은 아니다. 때로는 다른 사람이 노래를 부를 때 아는 노래가 나오면 나도 잘 부를 것 같아 속으로 박자를 맞추며 소리 내지 않고 불러본다.

드문 경우이긴 하지만 흉허물없는 자리에서 간혹 마이크를 잡기도 한다. 그런데 이건 노래도 아니요, 그렇다고 책을 읽는 것도 아니다. 음정 박자 어느 것 하나 맞지 않은 노래는 소음에 가깝다. 듣는 사람들의 표정을 보고 있노라면 부르는 나보다 듣고 있는 사람들이 더 긴장하고 있다. 이런 내가 안타까운지 어떤 이는 내 옆에 서서 박자를 맞춰주기도 하고 같이 노래를 불러주기도 한다.

십팔번 한 곡 정도는 있어야 한다고 사람들이 말하지만 난 아직 십팔번을 만들지 못했다. 몇 년 전 초등학교 총동문회에 다녀오는 관광버스 안에서 선배 한 분이 마이크를 잡고 노래를 불렀다. 첫 한 곡은 음정 박자 모두 귀에 거슬리지 않고 무난하게 잘 불렀다. 아, 나만 빼고 모두 노래를 잘하는구나 하는데 그다음 부른 노래는 음정 박자 모두 엉망이다. 그도 사회생활 하면서 십팔번 한 곡은 만들었던 모양이다.

노래 실력이 형편없다고 언제까지 사양만 할 수도 없는 노릇이다. 노래 교실이라도 다니면 좀 나아질까 하는 생각에 백화점 문화센터 노래 교실에도 등록해 보고 여성회관 노래 교실에도 다녀보았다. 몇 달을 다녀도 내 노래 실력은 늘지 않았다. 여러 사람이 함께 부를 때는 잘 되는 것 같다가도 집에 와서 혼자 불러보면 음이 제멋대로다. 올려야 할 때는 내려가고 내려야 할 때는 올라간다. 이런 나를 보다 못한 남편은 아랫배에 힘을 주고 자신 있게 부르라고 하지만 내가 내는 음들이 내 귀에도 어설프게 들린다.

나도 노래방 가서 뒤로 빼지 않고 내가 부르는 노래에 취해 시원하게 한 곡조 뽑아보고 싶지만 요원한 일이다.

기로에 서다

밤새 고민을 했다. 어떻게 할까. 그래 집을 나가는 거야. 휘갈겨 쓴 쪽지를 문 앞에 놓고 소리죽여 문을 여닫는다. 살금살금 발소리 죽이며 대문을 나서 망우역으로 향한다. 행선지까지 가는데 소용되는 비용에 딱 맞는 천 원짜리 지폐 한 장이 가진 것의 전부다. 점심으로 보름달 빵 하나 사 먹을 여유는 없다. 중앙선 완행열차에 몸을 실었다. 기차는 내 마음처럼 달리다가 멈추고, 멈추었다가 달리기를 반복한다. 드디어 여덟 시간 후, 안동역에 도착했다. 대합실 시계를 보니 오후 4시다. 시외버스 터미널로 가는 동안 생각의 타래가 헝클어지기 시작한다. 갑자기 가슴이 꽉 조이면서 심장이 요동친다.

버스에서 내릴 때쯤이면 짧은 겨울 해가 넘어가고 땅거미 내린 길은 걷기도 전에 캄캄해질 텐데…. 의성쪽 구름방 가는 버스를 탈까. 구담 가는 버스를 탈까. 구담으로 가는 버스는 자신이 없다. 십 리가 넘는 길, 산을 두 개나 넘어가는 밤길을 혼자서 걸을 용기는 없다. 갈피를 잡지 못한 머릿속은 복잡하기만 하다. 언젠가 한 번 가본 적 있는 구름방 가는 버스를 탄다. 이쪽도 십 리 정도 걸어야 한다. 아는 사람이라도 있나 두리번거려본다. 다 모르는 사람들이다. 막다른 골목이 이러할까. 에라, 모르겠다. 그래 내가 선택한 길 그냥 가보는 거다. 앞으로 닥칠 일은 모른다.

승객 몇 명을 태운 버스는 비포장도로를 비틀거리며 달린다. 맨 뒷좌석의 의자 방석이 떨어져 나뒹군다. 마음속 불안도 함께 춤을 추며 나뒹군다. 체념한 마음속에 잘 될 거라는 메시지가 전해온다. 무사히 목적지까지 도착할 것 같은 예감이 든다.

어디쯤일까. 마을 귀퉁이에 버스가 멈추고 중년 남자가 탄다. 아는 얼굴이다. 반갑기 그지없다. 그러나 안심하기에는 이르다. 몇 해 전 의성 어느 마을로 이사 간 일가 아재다. 그는 나를 알아보지 못하고 행선지도 모른다. 손바닥만 한 해가 서산마루에 걸렸다. 내려야 할 낯익은 마을이 나타났다. 주저 없이 얼른 내린다. 아재도 내린다. 마음이 환해진다. 얼른 뒤돌아보며 인사를 한다. 목적지가 같다. 아재는 제사를 지내려고 큰댁에 가는 길이다.

열나흘 달인지 보름달인지 모르나 달이 높게 떴다. 신작로 길이 훤하게 보인다. 달빛을 받으며 아재와 함께 걷는 길도 등골이 송연해진다. 누가 뒤에서 낚아챌 것만 같다. 무서움을 잊으려 쉴 새 없이 조잘거린다. 아재에겐 나만 한 딸이 있다. 나는 그녀와 친하게 지냈지만 이사 간 이후론 본 적이 없다.

너나없이 어렵던 시절, 시골에서 여자가 상급학교에 제대로 진학한다는 것이 쉽지 않다는 것을 그 시절을 살아온 사람들은 알 것이다. 나는 다행히 서울에서 공무원 생활을 하던 오빠 덕에 서울로 유학을 오게 되었다. 지금이야 고등학교는 물론 대학도 특별한 일이 없다면 당연히 가는 것이지만, 그 당시 서울 변두리에 있던 우리 반 친구 중, 서너 명 정도는 가정 형편상 진학을 포기했다. 가정형편이 넉넉한 아이들은 대학진학이 목표인 인문계고등학교를 당연히 선택했지만, 그렇지 못한 아이들은 졸업 후 바로 취업할 수 있는 상업계 고등학교를 더 선호했다. 상업계 고등학교의 경쟁률은 상당히 높았고, 몇몇 학교는 우등생만이 지원했다. 그래서 상업계 학교 입시에 실패해도 인문계고등학교에 배정을 받을 수 있었다. 상위권 학교의 입시에 떨어지고 인문계에 배정받은 아이들 가운데 명문대에 진학한 친구들도 있었다. 대학진학은 꿈일 뿐인 나에게 상업계 학교 입시실패는 고등학교 진학 불가나 마찬가지였다. 합격자 발표가 난 지 이틀 만에 나는 서울에 있어야 할 이유가 없어졌다. 그래서 가출(?)을 결심한 것이다.

세상 물정 모르면 용감하다더니 꼭 나를 두고 한 말 같다. 어른들 입장에서는 나의 가출이 한낱 소동에 불과한 것이었을 테지만, 그때의 내 심정은 막막하기 이를 데 없었다. 기차 터널 같이 깜깜했던 마음, 생각은 헝클어진 실타래 같았다. 불투명한 미래에 대한 불안감과 함께 혼자서 밤길을 가야 한다는 두려움과 공포는 어마어마한 것이었다.

내가 시골집에 들어서자 잠자리에 들었던 부모님은 이 밤에 어인 일이냐며 깜짝 놀라셨다. 자초지종을 들은 아버지는 내일 날이 밝는 대로 서울로 올라가서, 죽이 되든 밥이 되든 오빠가 시키는 대로 하라고 하셨다. 어머니가 해주신 따뜻한 밥 한 끼 먹고 슬그머니 서울로 돌아왔다. 올케언니는 말없이 집을 나간 것에 대해 분노했지만 어쩌겠는가. 내가 인문계에 배정받고 입학 절차를 밟을 때 조카를 등에 업고 부모님을 대신해 학부모 역할을 해주었다.

 돌이켜보니 내가 기로에 서서 방향 설정을 하지 못할 때, 곁에서 방향을 직접 지시하지는 않았지만, 가족이란 든든한 울타리가 있어 샛길로 새지 않고 지금까지 잘 걸어왔다. 대가를 바라지 않고 희생해 준 오빠와 올케언니에게 새삼 고맙고 감사함을 느낀다.

그래서 우린 친구야

인사동에서 친구들을 만났다. 우리 세 사람은 중학교 2학년 때 같은 반이 되면서 친구가 되었다. 40년이 넘는 세월 동안 싸우거나 다툰 적이 없는 친구들이다. 자주 만나지 못하고 가끔 만나도 언제나 반갑고 함께하는 시간들이 즐겁다.

이번에는 시골에 사는 내가 서울로 올라갔다. 다음에는 친구들이 나를 만나러 내려 올 것이다. 점심을 먹고 경인미술관에서 전시된 그림을 보고 찻집에 마주 앉았다. 멀리서 왔다고 밥도 차도 다 친구들이 샀다.

얼마 전 딸을 결혼시킨 친구의 이야기를 듣는다. 딸이 짐을 챙겨 집을 떠나자 섭섭한 마음은 어쩔 수가 없더라는 이야기에 그 마음 이해한다며 친구를 도닥여 주었다. 먼저 큰 일을 치른 친구의 이야기를 귀담아듣는다. 우리에게도 곧 닥칠 일이므로.

요즘은 집을 구하는데 돈이 많이 들어 예물과 예단을 생략하고 집 구하는 데 보탰다는 이야기도 듣는다. 시대와 환경에 따라 변화하는 풍속을 따르는 것이 옳다는데 이견이 없다. 서로 공감 주파수가 맞아 잡음이 일어나지 않는다.

시골에서 올라간 내 이야기도 풀어놓는다. 텃밭에 상추, 고추, 부추, 양배추, 땅콩……. 마트에 가지 않아도 될 정도로 가지가지 채소를 심었다. 씨앗을 뿌린 것도 있고 모종을 사다 심은 것도 있다. 작은 씨앗이 싹이 트고 자라는 모습은 경이롭다. 가만히 들여다보고 있으면 시간이 어떻게 흐르는지 모른다. 심심할 여가가 없다.

땅콩을 지키기 위해 까치와 머리싸움을 한 이야기에 친구들은 박장대소한다. 땅콩이 싹이 트기 시작하면 언제 날아와서 쪼아 먹었는지 땅콩이 빠져나간 구멍만 남았다. 다시 씨앗을 넣고 망을 씌워 지켜낸 것이 잘 자라 여물 때가 되었다. 까치란 놈이 다시 찾아왔다. 어느 날 내가 현관문을 열자 땅콩 섶에 앉아 있던 까치가 저지레 하다 들킨 아이처럼 황급히 푸드덕하고 날아갔다. 저놈들이 저길 왜 앉아 있었을까 확인을 하러 갔다. 땅콩 껍데기가 바닥에 허옇게 널브러져 있다. 여문 것은 까먹고 여물지 않는 것은 고랑에 버리고 달아났다. 흙 속에 들어 있는 것을 어떻게 알고 캐냈는지 용하기도 하다. 땅콩을 지키려고 다시 망을 씌웠다. 그렇게 지킨 땅콩이 얼마나 실하게 잘 되었는지 한 포기에서 한 바가지나 땄다. 친구들은 내 말이 믿기지 않는다는 반응이다. 자기들은 풀과 작물을 구별도 못 할 것이라며 이제 농사꾼이 다 되었다며 나를 추켜세운다.

그리고 또한 친구의 이야기가 남았다. 그 친구는 연락이 끊겼던 대학 동창을 만나서 힘든 일을 겪었다고 한다. 오랜만에 만났지만 학창 시절로 돌아간 것 같은 기분을 느끼면서 밥 먹고 차 마시고, 평범하게 보낸 시간들이지만 친구를 다시 만났다는 것에 나름대로 의미를 부여한 것까지는 좋았다.

몇 번의 만남 후 성경 공부를 한번 해보라는 권유를 받았다고 한다. 불교 신자인 친구는 성경을 읽어 본 적도 없고 일부러 찾아 읽을 것 같지 않아서 기회 있을 때 읽어 보는 것도 괜찮다 싶어 흔쾌히 공부 모임에 나갔다고 한다. 기독교에 대해서 백지상태였던 친구는 모임에 빠지지 않고 참석을 했고 그들이 해석한 해설도 열심히 공부했다고 한다. 그러자 공부의 양과 횟수가 늘어나 부담이 될 즈음 평소와 다른 엄마의 행동에 딸이 자초지종을 물었고, 잠깐 교회에 다녔던 딸은 엄마가 하는 공부가 이상하다며 아는 목사님께 상담을 요청했다고 한다. 목사님의 조언으로 친구에게 받은 성경책을 돌려주고 모임에 나가지 않겠다고 통보를 했다고 한다. 이후 그 친구의 전화를 받지 않자 집으로 찾아왔다고 한다. 집을 알려준 적도 없는데 어떻게 찾아오는지 모르겠다며 아직 완전히 해결된 것이 아니라고 한다. 그 친구가 자기가 속한 단체에 끌어들일 목적으로 다가왔다고 생각하니 두렵기도 하고, 열 길 물속은 알아도 한 길 사람 속은 모른다는 말이 맞는 것 같다며 씁쓸해한다.

그러고 보니 우리 셋의 관계는 참 담백하다. 서로에게 상식을 벗어난 부탁 같은 것은 한 적이 없다. 세 사람 중 두 사람이 성격이나 취향이 맞아서 더 가깝게 지낼 수도 있다. 그러면 나머지 한 친구는 소외감을 느낄 것이다. 의도하지 않고 무의식중에라도 그런 일이 있다면 그 관계는 오래 지속되지 못하고 깨졌을 것이다. 그런 면에서 우리 세 사람은 정삼각형처럼 균형이 잘 맞는다. 우린 서로 멀지도 가깝지도 않은 적당한 거리에서 서로를 바라본다. 내가 우리 관계에 관해 이야기를 하자 친구들은 "그래서 우린 친구야." 한다.

전원생활을 하겠다고 시골로 이사를 하고 나서 심심하지

않으냐는 질문을 여러 사람한테 받았다. 시골이든 도시든 사람 사는 곳은 다 비슷하다. 도시 아파트에서도 문 닫고 살면 같은 통로를 쓰는 옆집과 왕래도 하지 않고 산다. 가까운 거리에 친구가 산다고 해도 현대인들은 서로 바빠 잘 만날 수 없다. 한집에 사는 가족도 한자리에 앉아 식사할 수 있는 시간이 주말밖에 없다는 사람들도 있다.

시골에 산다고, 아는 사람이 없다고 사람들과 교류가 없는 것은 아니다. 이미 알고 있는 익숙한 관계가 아닐 뿐이다. 친구도 이웃도 처음에는 다 모르는 사람들이었다. 계기가 어떻든 한 번 보고 두 번 보고 자주 만나다 보면 신뢰가 쌓이고 믿음이 생기면서 좋은 친구도 되고 좋은 이웃도 된다. 그러나 사람의 마음은 한 곳에 고정되어 있지 않고 수시로 변해서 어제의 친구가 원수가 되고 사이좋았던 이웃과 담을 쌓고 살기도 한다.

인간은 사회적 동물이라서 혼자서는 외롭다. 함께 어울려 살아갈 친구도 이웃도 필요하다. 지금까지 그래왔던 것처럼 앞으로도 친구들과의 관계가 잘 이어지기를 바란다. 남은 생 지란의 사귐처럼 맑고 향기로운 우정이 영원하기를 꿈꿔본다.

3.
해봐야 안다

김치 담그기 같은 무형의 유산은 어렸을 때부터 보고 듣고 체험을 해야 그 명맥이 이어질 텐데. 공장 김치의 일률적인 맛이 아닌 그 집안만의 독특한 김치 맛은 손맛의 전수일 터인데 김장을 하는 집이 줄어들수록 다양한 김치 맛도 함께 사라지고 있다는 것은 안타까운 일이다.

유택(幽宅)

해봐야 안다

몽실이

마지막 소원

위로가 되었던 한 구절

초콜릿

그해 겨울

독수리 사형제

시동생의 주말농장

외면

예쁜 딸

유택(幽宅)

　밤새 안녕이라더니 과연 그랬다. '묘지 할아버지'가 돌아가셨다는 소식에 약수터에 모인 사람들이 모두 놀란다. 엊그제 약수터에서 할아버지와 배드민턴을 쳤다는 사람은 믿을 수 없다는 표정이다. 요사이 근력이 좀 떨어지기는 했어도 여든 넘은 노인답지 않게 매일 산에 오르던 분이라 모두들 애석해한다. 연세 드신 분들은 할아버지가 마지막 가는 복을 타고났다며 부러워한다.

　우리가 묘지할아버지라고 부르는 것은 약수터를 오르는 길목에 있는 묘지를 손질하고 계시는 모습을 시시로 보기 때문이다. 거의 매일 약수터를 오가는 사람들은 묘지할아버지를 모르는 사람은 없을 것이다. 그것은 할아버지가 묘지만 손질하는 것이 아니라 약수터를 오르는 길에 이리저리 뻗은 나무 뿌리를 정리하고, 돌출된 돌들을 치우고, 약수터 주변과 배드민턴장을 깨끗이 쓸고 있는 할아버지의 모습도 거의 매일 볼 수 있기 때문이다.

할아버지가 관리하는 묘지는 작은 오솔길을 사이에 두고 나란히 있는 묘지와 대조적이다. 옆 묘지는 봉분 둘레가 사각의 대리석으로 치장되어 있고 누구의 묘라는 묘비까지 있지만, 잡풀만 무성하다. 반면 할아버지가 돌보는 묘지는 위에 2기(基), 아래 2기 모두 잘 손질되어 있다. 그러나 묘비는 없다. 다만 할아버지와 가까운 사이일 것이라고 짐작만 할 뿐이다. 묘지 주변은 마치 정원과 같다. 무궁화, 사철나무, 철쭉, 붓꽃, 자귀나무도 산바람에 서로 잎을 비비고 서 있다. 낮에는 서로 떨어져 있던 잎이 밤이 되면 서로 마주 보며 맞붙어 잠을 자는 합환목이라 부부 금실을 상징한다는데, 아마도 생전에 금실 좋았던 부부의 묘가 아닌가 짐작해본다.

지난봄 어느 주말, 남편과 함께 약수터를 올랐다. 그날도 할아버지는 산소를 돌보고 계셨다. 남편은 산소를 돌보고 있는 할아버지를 보자 부모님 산소를 지극정성으로 돌보시는 시아버님의 모습이 떠오르는가 보다.

"저 할아버지 말이야. 산소를 저렇게 정성 들여 가꾸는 이유가 뭘까? 혹시 부모님 생전에 속을 많이 썩였던 것은 아닐까?"

"글쎄. 아버님처럼 효자여서 고생만 하다 돌아가신 부모님이 안타까워 그러는지도 모르지 뭐."

시아버님은 약주를 한잔하시면 당신 고생한 이야기, 부모님 고생한 이야기를 하시면서 돌아가신 부모님을 그리워하신다. 그래서인지 둘째 아들인데도 산소 돌보는 일에 지극정성이다.

몇 해 전 봉분에 잔디가 잘 자라지 않아 한식 때 사초를 했다. 그래도 잔디가 잘 자라지 않자 다음 해 다시 사초를 했다. 그리곤 행여, 잔디가 잘 살지 못할까 봐 커다란 물통을 사서 경운기에 싣고 가서 매일 물을 주며 잔디를 가꾸었다. 그렇게 가꾼 무덤가는 푸른 융단 같다. 그런 시아버님을 가까이서 본 나는 묘지할아버지도 분명 무슨 사연이 있을 것만 같다.

누군가를 사무치게 그리워하거나 불효한 것을 후회하면서 저리 정성을 쏟아 가꾸고 있는 것인가? 정원 같은 묘지를 지나칠 때면 할아버지의 구구절절한 사연이 궁금해진다.

한식 때나 명절 때 성묘가 고작인 우리들은 묘지할아버지나 시아버님이 어떤 마음으로 묘지를 가꾸는지는 알 수가 없다. 그곳에 누워있는 분이 그리운 걸까. 아니면 생전의 불효가 마음에 걸려서 다하지 못한 효도를 하는 걸까. 그분들의 마음은 알 수가 없다. 다만 짐작만 할 뿐이다. 어쩌면 당신들이 묘지를 돌보는 마지막 세대하고 생각하고 계신 것은 아닐까.

　육친을 잃은 사람들은 안다. 금방 장례를 치르고 돌아와도 아직 곁에 있는 것 같고, 외출했다 웃으며 현관문을 들어설 것 같고, 잠시 여행을 떠나 부재중이라고 믿는다. 아니 그런 꿈을 꾸고 있는지도 모른다. 그러다 성묘라도 가게 되면 그때서야 서로 다른 세계에 있다는 것을 인식한다. 그래도 주절주절 이야기를 풀어 놓는다. 생을 달리했다고 부모와 자식 간 혹은 부부지간의 연이 끊어진 것은 아니다. 남아 있는 사람의 기억 속엔 언제나 생전의 그 모습이 영원히 저장되어 있다. 마지막 나누었던 대화도 주고받던 마음도, 아니 체취까지도 아무리 많은 세월이 흘러도 그 모습 그대로 퇴색하지 않은 채. 그래서 산소 돌보는 일을 소홀히 할 수가 없는 모양이다.

　다시 약수터에 오르면서 묘지할아버지네 산소를 지나게 되었다. 원래 있던 봉분 하나가 새로 뗏장을 입었다. 할아버지가 먼저 간 부인과 한집에 들었나 보다. 시아버님처럼 부모님께 다하지 못한 효도를 후회하면서 지극정성으로 산소를 가꾸었을 것으로 생각했는데, 그곳이 당신 사후의 집일 줄이야.

작가 노트

이 글은 2007년에 썼다. 지금 2024년. 이 글을 쓸 때 아마도 시아버님 세대가 산소를 돌보는 마지막 세대일 거라고 예견했던 것이 맞았다. 묘지할아버지가 돌보던 산소도 새로 뗏장을 입었던 산소도 그 후 몇 년 지나지 않아 파묘가 되었고 정원 같던 묘지 주변 나무들은 제멋대로 자라 볼품이 없다.

시아버님이 돌보지 않은 시조부모님 산소는 지금 떼가 거의 다 사라지고 없다. 근래 벌초를 할 때마다 사초를 다시 해야겠다는 이야기는 나왔지만 앞장서 일을 추진하는 사람이 없어 차일피일 미루다 겨우 작년 한식때 사초를 했다. 정성을 다해 산소를 돌보던 시아버님은 시립납골당에 안치되어 있다. 당신들이 지키려고 했던 가치들도 시대의 흐름을 거스를 수는 없는 모양이다.

해봐야 안다

김치를 담근 지 30년이 넘었지만, 아직도 많은 양의 김치를 담그는 것은 어렵다. 더러는 김치가 무르기도 하고, 짜거나 싱거울 때도 있다. 어떨 때는 배춧속에 양념을 고루 채우지 못했는지 먹을 때마다 김치 맛이 달랐던 적도 있다. 배추를 절이고 씻고 양념을 준비하는 과정이 힘들어도 김장을 해야만 월동준비를 한 것 같아 마음이 편하다.

김치를 담글 때 양념하는 것도 힘들지만 절이고 씻는 일이 더 힘들다. 절임 배추를 사서 하면 편하기는 한데 김장김치의 시원한 맛이 없다. 내가 배추 절이고 씻는 것이 힘들다고 하자 웬일인지 남편이 자청해서 도와준다고 한다. 그동안 무채를 썰거나 배춧속을 넣는 것은 도와주었어도 배추를 절이는 것은 한 번도 도와준 적이 없었다. 올해는 편하게 김치를 담글 수 있겠다고 내심 기대를 하고 있었다.

분명 토요일에 김장을 할 것이라고 미리 알려주었건만 금요일 오후에 내일 골프 약속이 있다며 일요일에 김장하자고 한다. 놀아주는 친구가 있고 찾는 사람이 있을 때가 좋은 때라는데 이해하기로 했다. 집을 나서는 남편에게 늦어도 4시까지는 오라고 당부를 했다. 대답은 찰떡같이 하고 나갔는데 4시는커녕 6시가 되어도 돌아오지 않았다. 결국 배추 절이는 일은 내 몫이 되고 말았다.

일요일 아침 남편이 알아서 무를 썰겠다며 채칼을 달라고 한다. 배추 씻는 일도 양념을 버무리는 일도 군말 없이 척척 한다. 남이 하는 것을 볼 때는 쉬워 보였는데 종일 쪼그리고 앉아서 하는 일이 쉽지 않았던 모양이다.

"우리도 김치 사 먹을까?"

밖에서 무얼 사 먹는 것을 싫어하는 남편이 뜬금없는 소릴 한다. 성격이 팔자를 만든다더니 내가 그 짝이다. 쉽고 편한 방법이 있는데도 굳이 미련을 떤다. 요즘은 김장을 하지 않는 집도 많다. 한다고 해도 몇 포기 하지 않는다. 예전의 엄마들은 100포기 200포기를 어떻게 했나 모르겠다.

새댁시절 살던 아파트에서는 이웃들이 서로 김장을 도와주곤 했었다. 김장하는 날 먹어야 하는 것이라며 양념한 김치를 숭덩숭덩 썰어 넣고 얼큰하게 끓인 동태찌개를 나눠 먹었고, 돌아갈 때는 겉절이 한 보시기씩 들려서 보냈다. 이제 도시에서는 이런 품앗이 풍경도, 재래시장 한 귀퉁이에 배추를 산더미처럼 쌓아 놓고 팔던 김장 시장도 사라졌다.

　김치 담그기 같은 무형의 유산은 어렸을 때부터 보고 듣고 체험을 해야 그 명맥이 이어질 텐데. 공장 김치의 일률적인 맛이 아닌 그 집안만의 독특한 김치 맛은 손맛의 전수일 터인데 김장을 하는 집이 줄어들수록 다양한 김치 맛도 함께 사라지고 있다는 것은 안타까운 일이다.

몽실이

그녀는 잔디마당에 앉아 오수를 즐기다 내가 현관문을 열고 나가면 부스스 눈을 뜨고 나를 주시한다. 나를 꿰뚫어 보려는 듯 동그란 눈동자로 나의 움직임을 따라 눈동자를 굴린다. 무엇이 그녀의 판단기준인지 모르지만, 어느 날은 멀뚱히 보고만 있고, 어느 날은 쪼르르 달려와 돌고래처럼 초음파 소리를 내며 애교를 부린다. 처음에는 앞발을 들고 매달렸는데 내가 그 동작을 싫어하자 이제는 배를 다 드러내놓고 발랑 드러누워서 저를 쓰다듬어 달라고 애절한 눈빛을 보낸다. 그럴 때마다 난감하지만 몇 번 쓰다듬어주고 말을 붙여본다. "왜, 놀아달라고?" 그녀가 알아듣던 말든 내가 하고 싶은 말만 하다가 "이제 네 집에 가."라고 하면 아쉬운 듯 나를 한번 쳐다보고는 일어서서 어슬렁어슬렁 걸어가는 그녀의 이름은 몽실이다.

몽실이는 몰티즈 믹스견 아빠와 양몰이견 보더콜리 사이에서 태어났다. 아빠의 작은 체구와 엄마의 긴 털을 물려받았고 아기일 적에는 아빠처럼 동그란 얼굴이었는데 자랄수록 엄마처럼 턱이 길쭉하게 나와 미모가 예전만 못하다. 사람을 좋아해서 조금만 저에게 관심을 보이면 정신을 차리지 못하고 매달리고 아무 데서나 배를 까고 드러눕는다. 아기일 적에는 말귀를 잘 알아듣지 못해 꽤나 귀찮게 하더니 자랄수록 영리함이 어린아이 수준이다. 이제는 사람의 감정까지 읽을 줄 안다.

어느 겨울날 남편과 의견충돌이 있었다. 서로가 자기 입장에서만 이야기를 하다가 감정이 몹시 상했다. 산책하면 심란한 마음이 가라앉을 것 같아 현관을 나섰다. 잔디마당에 있던 몽실이가 나를 빤히 쳐다본다. 내가 산모퉁이를 돌아서 가는데 쏜살같이 달려와 앞장서 걷다가, 내가 오고 있는지 흘끔흘끔 뒤를 돌아보며 적당한 거리를 유지하며 가다가 갈림길이 나오자 기다리고 있다. 내가 어느 길을 택할 것인지를 보고는 또 앞장을 선다. 산책을 하다 양지바른 저수지가에 앉아 쉬자 주위를 어슬렁거리고 있다가 집에 오려고 일어서자 또 앞장을 서서 걷는다. 혼자 걷는 것보다 몽실이하고 동무해서 걷다 보니 심란한 마음이 어느 정도 정리가 되었다. 저녁 식사 후 마음을 단단히 먹고 결론 내지 못한 것을 매듭지으려 남편과 다시 이야기를 시작했다. 처음과는 많이 누그러졌지만, 합의점은 찾지 못했다. 나는 남편에게 몽실이는 심란한 내 마음을 읽고 산책길을 따라 나서 동무가 되었는데 어떻게 당신은 내 마음을 그리도 몰라주느냐고 타박을 했다.

  남편과 나, 적지 않은 세월을 함께 살았고 말을 사용하여 감정을 표현하지만 보는 관점이 다르고 입장이 달라서인지 때로는 소통이 되지 않을 때가 많다. 상대가 아무 의미 없이 한 말에 상처를 받기도 하고 어떤 메시지를 단도직입적으로 이야기하기 곤란할 때 돌려서 말하는 것을 알아듣지 못해 오해를 사기도 한다. 화성에서 온 남자와 금성에서 온 여자가 함께 사는 동안 단순해져서 눈빛이나 몸짓만으로도 상대의 생각을 읽을 수만 있다면 다투지 않고 남은 생을 잘 마무리할 것 같은데 아마도 그럴 일은 없을 것 같다.

마지막 소원

영국 출신의 70대 간호사가 늙는 것이 끔찍하다며 스위스로 원정 안락사를 택해 논란이 일었다는 뉴스를 접하고 충격을 받았다. 지병 없이 건강한 상태이던 그녀는 호스피스 완화의료 전문 간호사 출신으로 노인을 돌보는 법 등에 관해 2권의 책을 집필하기도 했다. 그녀는 죽기 직전 『선데이타임스』와의 인터뷰에서 "평생 나이 든 사람들을 돌보면서 항상 '난 늙지 않겠다. 늙는 것은 재미없다.'라고 생각해왔다."라며 "(늙는다는 것은) 암울하고 슬프다. 대체로 끔찍하다."라고 말했다. 안락사 여행을 가기 전 두 자녀에게 자신의 결심을 알렸고 스위스에는 남편과 동행, 마지막 만찬을 즐겼으며, 장례식 준비도 스스로 모두 마쳤다는 기사를 봤다. 그리고 며칠 후, 이번에는 폐암 판정을 받은 60대 영국인 남성이 또 안락사를 택하면서 세계적으로 안락사 허용에 대한 논란이 일었다. 대부분의 유럽에서는 안락사가 허용되지 않아 안락사가 허용되는 스위스로 죽음 여행을 떠난다는 것이다.

 요 며칠 심하게 몸살을 앓았다. 뼈 마디마디가 쑤시고 관절들이 시큰거리며 온몸이 축 처졌다. 내 몸이 괴로우니 평소에 아무렇지도 않았던 일들도 짜증이 났다. 앓는 소리를 내며 침대에 누워 가만히 생각해 봤다. 이제 점점 몸의 기능이 떨어질 테고, 더 늙어 거동까지 힘들게 된다면 다른 사람의 수발을 받고 살아야 하는 날이 올 수도 있겠다는 생각이 들었다. 생각이 여기에 이르자 안락사를 택한 간호사가 한편 이해가 되었다. 호스피스 완화의료 간호사란 직업을 가졌던 그녀가 수많은 환자들의 마지막 모습을 지켜보면서 많은 생각을 했을 것이다. 먹고 배설하는 것조차 스스로 할 수 없고, 누군가의 보살핌이 없다면 아무것도 할 수 없는 삶, 숨쉬는 것조차 자발적으로 할 수 없어 기계에 의존해야 하는 삶이라면 나도 그런 삶은 사양하고 싶다.

 평상시에는 죽음이라는 것을 잊고 살다가 친구나 주변에 나와 연령대가 비슷한 사람이 죽었다는 소식을 들었을 때, 죽음이 멀리 있지 않다는 걸 깨닫는다. 그리고 한동안은 죽음에 대해 생각하게 된다. 내가 오늘 당장 죽음과 마주하게 된다면 나는 어떤 태도를 취할 것인가. 담담하게 받아들일 것인가, 아니면 왜 나한테 이런 일이 일어났느냐고 부정을 할 것인가에 대한 생각들이다.

지인들과도 죽음에 관한 이야기를 한 적이 있었는데 나는 담담하게 받아들일 수 있을 것 같다고 했더니, 누구나 평소엔 그런 생각을 하다가도 어느 날 갑자기 시한부 판정을 받게 되면 절대로 그런 생각을 할 수 없을 것이라고 했다. 대부분의 사람들은 시한부 판정을 받게 되면 처음엔 나에게 이런 일이 일어날 리가 없다고 부인을 하다가, 왜 하필 나야 하면서 분노를 하고, 그리곤 어쩔 수 없다는 걸 알고 체념을 하고 받아들이는 과정을 거친다고 한다. 그래도 나는 언젠가는 죽을 텐데 그 시기가 조금 일찍 왔다고 생각하며 담담히 받아들일 수 있을 것 같다.

나의 이런 생각은 아마도 부모님한테 영향을 받은 것 같다. 어머니나 아버지 모두 돌아가실 때 이제 당신들이 가실 때가 되었다는 걸 직감하셨던 것 같다. 두 분 다 큰 병을 앓지 않고 돌아가시는 순간까지도 정신이 말짱했다. 아버지는 40년 전 72세에 돌아가셨는데 저녁 잘 잡수시고 잠자리에 들었다가 어머니께 당신 손목시계를 가져오라고 하셨다. 그때 아버지가 사시던 집에는 벽시계가 없었다. 시간을 볼 수 있는 것은 아버지의 손목시계가 유일했다. 아버지는 당신이 가셔야 할 시간을 보아야 한다며 어머니를 채근하시자 어머니가 시계를 찾아 아버지 손에 쥐여 드렸다. 아버지는 누운 채 시계를 손에 들고 물끄러미 바라봤다. 아버지의 그런 모습을 본 어머니도 오늘 밤에 아버지가 가실 것 같다는 예감이 들어 옆집에 사는 조카를 부르러 갔다. 어머니와 조카가 뛰어오는 그 사이 아버지는 혼자서 조용히 운명하셨다. 객지에 나와 살던 자식들이 아버지의 장례를 치르려고 고향 집에 갔을 때 친척들은 그 이야기를 하고 또 했다. 나는 아버지가 당신 가실 시간을 체크하고 가셨다는 이야기를 들었을 때 아버지답다는 생각을 했었다. 꼬장꼬장했던 아버지는 당신 성격처럼 깔끔하게 그렇게 생을 마감하셨다.

94세에 돌아가신 어머니 역시 노인정을 잘 다니시다 어느 날 밥이 넘어가지 않는다며 식사를 안 하셔서 병원에 모시고 갔더니, 의사는 별 이상은 없고 연세가 높으시니 집에 가서 드시고 싶은 것이나 드시라 했다고 한다. 내가 그 소식을 듣고 오빠네 집에 어머니를 뵈러 갔다. 당신이 돌아갈 시간이 되었다는 것을 직감하셨는지 나에게 목욕을 시켜달라고 했다. 주말에 어머니를 뵙고 화요일에 돌아가셨다는 연락을 받았다. 어머니와 방을 같이 쓰던 조카는 잠결인지 꿈결인지 누가 자기를 불렀다고 했다. 전날 잠이 오지 않아 뒤척이다 새벽녘에 깜빡 잠이 들었는데 비몽사몽간에도 희미한 목소리가 할머니란 걸 깨닫고 잠이 깼다고 한다. 어머니는 손녀에게 당신의 마지막을 알리고 싶으셨던 것이다. 연락을 받고 오빠네로 달려갔다. 어머니는 평온한 모습으로 주무시고 계셨다.

어머니 말년의 소원은 저녁에 잠자리에 들었다가 아침에 깨어나지 않는 것이었다. 어머니의 간절한 기도는 이루어졌다. 나도 어머니처럼 소원해 본다. 언젠가 그날이 오면, 현대 의학의 힘을 빌리지 않고 자연으로 돌아가게 하여 주시옵소서!

위로가 되었던 한 구절

　서른 문턱의 나는 사는 것이 힘겨웠다. 당시 남편은 더 나은 미래를 위해 다니던 회사를 그만두고 새로 취업 준비를 하고 있었다. 남편이 회사를 그만둔다고 했을 때 흔쾌히 동의했다. 생활은 어떻게든 내가 꾸려가겠노라며 오히려 부추기기까지 했다. 뭘 믿고 만용을 부렸는지 모르겠다.

　만삭의 나는 결혼하기 전 일하던 곳에서 학회지나 논문 같은 것을 받아와 타이핑을 했다. 아이 낳기 이틀 전까지 일했고 출산 후 3주만 쉬고 다시 일했다. 어린아이를 데리고 시간이 정해져 있는 일을 한다는 것은 무척 힘이 들었다. 낮에는 아이가 놀아달라고 칭얼거려서 주로 밤에 일했다. 육아만도 힘든데 일까지 해야 하는 나는 몸도 마음도 지쳐 있었다.

밤새워 타이핑한 원고를 갖다주고 돌아오는 길, 아이를 안고 버스에 앉아 비몽사몽 졸다가 내려야 할 정류장을 지나쳤다. 버스를 갈아타려고 내린 정류장 맞은편에 서점이 보였다.

몸이 물먹은 솜처럼 무거워서 빨리 집에 가서 쉬고 싶다는 생각이 간절했지만, 마음 한구석은 공허하고 허탈했다. 몸보다 마음이 더 지쳐 있었다. 서점에 들어가 시집이라도 한 권 사서 읽으면 공허한 마음이 좀 채워질 것 같았다. 길을 건너 서점으로 갔다.

시집을 훑어보다가 잘 나가는 책을 펼쳐 놓은 곳에서 『인생의 가장 행복한 반 시간』이란 책을 봤다. 제목에 반해서 책을 집어 들었다. 명수필 43선, 첫 편에 실린 작가는 이미 알고 있는 작가다. 두 번째도 세 번째도 이미 알고 있는 작가들이다. 앞뒤 잴 것도 없이 책을 샀다.

選—가려서 뽑힌 작품들이라 모든 작품이 좋았다. 서정범 「복을 주는 사람들」, 김형석의 「꼴찌에게 상장을」, 마광수의 「사랑에 용감한 "야한 여자"」, 조경희 「비르비종의 은은한 만종 소리」 등등. 그야말로 주옥같은 작품들이 실렸다. 그중 유안진의 「지란지교를 꿈꾸며」가 가장 마음에 와닿았다.

"저녁을 먹고 나면 허물없이 찾아가 차 한 잔을 마시고 말할 수 있는 친구가 있었으면 좋겠다."로 시작하는 이 구절은 지쳐 있는 나에게 향수를 불러일으켰다. 어렸을 때 시골에서 살았던 나는 마실을 많이 다녔다. 여름에는 이웃집 마당에 깔아 놓은 멍석에 누워 밤하늘의 별자리를 찾기도 하고, 앞산에 번쩍거리는 도깨비불을 보면서 도깨비 이야기도 하고, 낙하하는 별똥별을 보고 소원도 빌었다. 겨울에는 희미한 호롱불 아래서 나이가 한두 살 많거나 동갑인 아이들과 수수께끼 놀이도 하고, 옛날이야기도 하고, 손그림자 놀이도 했다. 몇 번이나 반복했던 수수께끼는 이미 답을 알고 있어도 재미있었다. 옛날이야기도 너무 많이 들어서 스토리를 다 기억하고 있지만 이야기를 하는 사람의 구술에 따라 듣는 맛이 달랐다. 집성촌은 대부분의 사람들이 친인척이라 허물없이 네 집과 내 집 없이 쏘다녀도 흉이 되지 않았다.

"비 오는 오후나, 눈 내리는 밤에도 고무신을 끌고 찾아가도 좋을 친구, 밤늦도록 공허한 마음도 마음 놓고 열어 보일 수 있고 악의 없이 남의 얘기를 주고받고 나서도 말이 날까 걱정되지 않는 친구가……."

허물없이 내 마음을 열어 보일 친구가 있었지만 가까이 살지도 않았고 더군다나 어린아이들이 딸려 있어 한번 만나는 것도 쉽지 않았다. 어쩌다 시간을 내어 만나도 오고가는 시간 빼고 나면 실제로 같이 보내는 시간은 얼마 되지도 않을

뿐더러 설령 시간이 많다 해도 아이들 때문에 대화다운 대화는 할 수도 없었다. 그때는 친구보다 책을 읽으며 마음을 달래는 것이 더 유효했는지도 모르겠다.

나는 책을 한 줄 한 줄 읽어 내려가며 머릿속으로 이미지를 그렸다. 그 이미지들이란 것이 이미 경험했던 기억들과 상상하는 것들이 뒤섞여 만들어졌다. 내 마음대로 생각들을 그리다 보면 어느덧 마음이 편안해졌다. 마음이 편안해지면서 천근이었던 몸이 가벼워지고 시간 가는 줄도 모르고 책을 읽다 보면 해가 지고 날이 어둑해져서 글자들이 잘 보이지 않게 되어서야 책을 덮었다. 그렇게 마음을 채우고 나서 다시 돌아온 일상, 어제와 달라진 것 없는 하루임에도 불구하고 생기가 돌았다.

어떤 문제가 풀리지 않을 때 누군가 무심코 던진 한마디가 실마리가 되어 문제가 풀어지듯 답답하고 출구가 보이지 않았던 그때 "허물없이 찾아가 차 한 잔을 마시고 싶다고 말할 수 있는 친구……, 밤늦도록 공허함 마음도 마음 놓고 열어 보일 수 있는 친구"라는 구절만으로도 나에게는 위로가 되었다.

30년 넘게 간직한 『인생의 가장 행복한 반 시간』은 아직도 책꽂이에 잘 꽂혀있다. 시골로 이사를 하면서 오래된 책들을 정리했는데 이 책은 살아남았다. 누렇게 바랜 책을 책장에서 뽑아버리지 못한 것은, 때때로 마음이 신산할 때 한 번씩 펼쳐보면서 마음을 다독여 주던 친구 같은 존재라 버릴 수가 없었다.

사는 것에 급급해 한눈팔 겨를이 없었던 시간들이 지나고 남편도 원하던 곳에 취업이 되었고 생활이 안정되어가자 무언가 잃어버린 것 같은 허전함이 밀려왔다. 그때 내가 살던 아파트 게시판에 문학 강좌가 있다는 안내문이 붙었다. 신청하고 수강을 하면서 자연스럽게 글쓰기에 입문하게 되었다.

등단한 지 10년이 넘었지만, 아직 한 권의 책도 묶지 않았다. 치열하게 글쓰기를 하지 않아 작품이 몇 편 되지 않은 것도 있고 어설픈 글을 세상에 내놓는다는 것이 부끄러워 차일피일 미뤄오고 있다. 이제 부끄러움을 무릅쓰고 환갑기념으로라도 책을 한 권 묶어야겠다는 생각을 한다. 누가 아는가? 어설픈 내 글을 읽고 공감하며 고개를 끄덕일 사람이 있을지도.

초콜릿

시어머님은 거실 장식장에 사진액자 3개를 올려놓았다. 2개는 시아버님 칠순 잔치 때 찍은 가족사진이고 하나는 나와 함께 필리핀 여행을 갔을 때 찍은 사진이다. 여행의 추억은 시간이 지나면 희미해지지만, 사진은 그때의 기억을 되살리는 데 한몫을 한다. 여행에서 찍은 스냅사진 몇 장을 인화했다. 그중에서 잘 나온 시어머님 독사진과 고부가 함께 찍은 사진을 액자에 넣어 드렸다. 당신 사진은 안방 문갑 위에 올려놓고 나와 함께 찍은 사진은 거실에서 가장 잘 보이는 곳에 올려놓았다. 소파에 앉아 TV를 보거나 안방으로 들어가려면 자연스럽게 그 사진이 보인다. 난 이 사진을 볼 때마다 민망한 생각이 들어 안방 문갑 위에 있던 사진과 바꿔

놓았다. 지난 주말에 시어머님을 뵈러 갔더니 다시 원래대로 돌아와 있었다.

작년 초 시아버님 돌아가시고 나서 시어머님은 몹시 우울해하셨다. 여행이라도 다녀오면 기분전환이 될 것 같아 내가 제안을 했었다. 처음에는 여행은 무슨 여행이냐 늙은이가 가면 남에게 피해를 준다며 극구 사양하셨다. 남편이 걱정할 것 없다며 시어머님을 설득했다.

"어머니 연세인 분들이 가는 팀에 넣어 달라고 하면 돼요."
"애비 회사는 어쩌고?"
"애비는 지금 휴가를 낼 수 없고요. 어머니, 저하고 가는 거예요."

시어머님은 약간 실망한 기색을 비치고는 잠시 생각을 하시고는 승낙을 하셨다. 형제들과 의논 없이 우리 부부가 일방적으로 제안한 일이라 여행경비는 우리가 부담하기로 마음먹었다. 그래서 굳이 형제들에게 알리지 않았다. 그런데 시어머님 여권을 만들 때 자연스럽게 시댁과 가장 가까이 사는 셋째네가 알게 되었다. 셋째 동서는 전화로 여행경비를 어떻게 할지 물었다. 형제들과 의논해서 결정한 일이 아니라서 우리가 부담하겠다고 했다. 그런데 여행을 가기 위해 우리 집에 오실 때 당신 여행경비를 마련해 오셨다. 받지 않으려는 나와 주려는 시어머님과 실랑이에서 내가 졌다. 시어머님의 성격상 내가 그 돈을 받지 않으면 마음이 불편해질 것이므로 할 수 없이 받았다.

우리와 함께할 여행객들을 공항 미팅 장소에서 만났다. 수속을 밟고 비행기를 타기 전까지 처음 만난 사람들과 인사를 하고 사소하고 소소한 대화들이 오고 갔다. 내가 '어머니'라 부르며 이것저것 챙기자 어떤 분이 우리 사이가 궁금했는지 친정엄마냐고 물었다.

"시어머니예요."

"어머나! 세상에 요즘 누가 시어머니랑 여행을 같이 가누. 보기 좋네."

사람들이 나에게 칭찬의 말들을 쏟아놓았다.

"잘했어, 잘했어."

잘하는 것도 없는 며느리가 사람들로부터 칭찬을 듣는 상황을 지켜보는 시어머님의 기분도 신경이 쓰였다. 내가 여행 경비를 댄 것도 아니고 평소 특별히 잘하는 것도 없는데 처음 만난 사람들의 칭찬을 듣는 것이 민망하고 불편했다. 여행 도중 내 또래의 사람들은 시어머니와 하는 여행이 불편하지 않으냐고 물었다. 전혀 불편하지 않다고 했더니 고개를 갸웃거린다. 내가 이런 칭찬을 받는 것은 내가 잘해서 듣는 것이 아니다. 따지고 보면 다 시어머님의 배려 때문이다.

　눈치나 행동이 빠른 시어머님은 내가 신경 쓸 사이 없이 앞장서 걷거나 오히려 딴청 하는 나를 챙기곤 하셨다. 새벽잠이 없어 일찍 잠이 깼는데도 내가 깰까 봐 화장실을 가지 않고 가만히 누워 계셨다. 내가 일어나려고 뒤척이면 그때서야 화장실에 가셨다. 식사 때에도 당신 먼저 얼른 드시고 밖으로 나가셨다. 며느리가 다른 사람들과 수다 떨며 자유롭게 밥을 먹으라는 배려다. 오히려 불편한 것은 내가 아니라 시어머님이라는 생각을 여행 내내 했었다. 며느리와 함께한 여행이 편치 않았을 텐데도 기분전환에는 효과가 있었다.

　따가이따이화산의 분화구를 보러 산에 오를 때 조랑말을 타고 갔다. 크고 작은 말들을 일렬로 세워놓고 말이 버겁지 않을 무게의 사람을 눈대중으로 골라 태웠다. 내가 먼저 말을 타고 출발했다. 내 말고삐를 잡은 마부는 젊은 남자였는데 시어머님의 말고삐를 잡은 마부는 피부가 까맣고 키가 작은 여자였다. 태양이 따갑게 내리쬐는 산길을 마부는 낡은 슬리퍼를 신고 햇빛 가릴 모자도 안 쓰고 허름한 수건으로 코와 입을 대충 막고 화산재 날리는 산길을 올랐다. 우리는 말을 타고 가는 데도 힘이 들었다. 말도 힘이 드는지 숨소리가 거칠다. 햇볕이 얼마나 뜨거웠는지 7부바지를 입은 시어머님의 다리는 옷 밖으로 나온 부분이 빨갛게 화상을 입었다. 관광을 마치고 숙소로 돌아와 다리가 화끈거리고 쓰라린 것은 아무렇지도 않은 듯 그 여자 이야기만 하셨다.

"난 아주 고만 질로 그 여자가 안 됐더라. 그게 어디 여자가 할 일이더냐. 신랑이 없기따 그렇치. 신을 제대로 신었나, 햇빛 가릴 모자를 썼나. 다 내려왔을 때 길가에 원두막같이 생긴 집에 노인이 아이를 안고 있더라. 그곳을 손가락으로 가리키며 자기 아이라고 하더라. 애들 줄라고 그런지 '초콜릿, 초콜릿' 하는데 초콜릿이 있어야 주지. 초콜릿이 없어서 못 준 것이 짠하다."

어머니의 우울한 기분을 떨쳐버리는데 가장 큰 공을 세운 사람은 그녀였다.

그해 겨울

 고래 싸움에 새우 등 터진다고 했던가. 그때의 내 기분은 그랬다. 설날 아침, 떡국도 제대로 못 먹었다. 느닷없이 떨어진 시아버님 명령에 우리 부부는 꼼짝없이 복종할 수밖에 없었다. 영문도 모른 채 어머니를 모시고 오면서 자초지종을 들을 수 있었다. 표면적 이유는 시어머니의 오락가락하는 정신이지만 내면에는 당신의 심기가 불편하다는 것을 시위하는 것이라고 한다.

 추위를 많이 타는 시아버님이 보일러 온도를 올려놓으면 추위를 타지 않는 시어머니는 비싼 기름 태운다며 온도를 내려놓고, 한 분이 올려놓으면 한 분은 내려놓고 마치 숨바꼭질하듯 몇 번을 반복했다고 한다. 그러다 급기야 화가 난 시아버님이 소리를 지르자 시어머니는 모르쇠로 버티기를 몇 번 했더니, 시아버님의 결론은 시어머님이 초기 치매 증상이라며 설날에 우리가 내려가기만을 기다리고 있었다고 한다.

시아버님의 불편한 심기는, 땅을 판 후에 오는 허탈감과 기운이 쇠하여 느끼는 소외감이 한몫을 하였다. 식구들마저 당신의 마음을 몰라준다고 여겨 야속하기까지 했던가 보다.

젊은 시절 누구보다 성실하고 부지런하셨던 시아버님은 살림 늘어나는 재미에 촌음을 아껴가며 일을 하셨다. 심지어 장에 가는 것조차 삼갈 정도로 일에 몰두했다. 필요한 연장이 있어도 당신이 나서면 이웃 동네의 친구라도 만나 막걸리 한잔 걸치고 해찰을 하다가 그날 해야 될 일을 못 하게 될까봐, 장에 가는 것은 언제나 시어머님 몫이었다. 물론 시어머님도 장정 한몫의 일을 너끈히 해낼 정도로 억척스러웠다. 부부가 손발을 맞추니 금방 살림이 일었던 것이다.

그러던 시아버님이 40대에 접어들어 동네 이장을 맡으면서 사람들과 교류가 잦아졌고, 술자리가 늘면서 주량은 늘어만 갔다. 그에 비례해서 일하는 양은 점점 줄어들게 되었다. 거기다 남들도 내 마음 같을 것이라 믿고 다른 사람의 부탁을 거절 못 하는 성격은 급기야 농기계를 사는 친구의 보증을 섰다.

새로운 것에 대한 호기심이 많고 다른 사람들의 말을 잘 믿는 시아버님은, 농협이나 관에서 권고하는 것은 무조건 따랐다. 그래서 처음 경운기나 이앙기가 나왔을 때도 가장 먼저 구입해서 사용했다. 동네 사람들이 비싼 돈 들여 공연한 것을 샀다고 쑥덕거려도 아랑곳하지 않았으며 그것을 잘 이용하셨다. 시간이 흐르자 흉을 보던 사람들도 따라 했다. 시아버님은 어쩌면 콤바인과 건조기를 사는 친구의 보증 부탁을 당연히 서 주어야 하는 것이라 생각했는지도 모른다.

  그런데 농기계란 것이 흙을 갈아엎고 진창의 논에서 사용하는 것이다 보니 고장이 잦아 일하는 날보다 수리하는 데 걸리는 시간이 더 많다. 거기다 기계에 대해 잘 모르다 보니 농사철에만 쓰고 겨울철에는 손질도 하지 않고 방치해 두었다가 다시 쓰려고 하면 녹슬고 고장이 나 있기 일쑤였다. 더구나 콤바인과 건조기는 가을 한 철에만 쓰이는 것이고 초기에는 그 삯이 비싸다는 생각에 이용하는 사람도 적었다. 생각했던 것보다 수익은 나지 않고 갚아야 할 기곗값은 계속 연체가 되어 결국 올 것이 오고야 말았으니, 보증인인 아버님에게 농기계 대출금이 떠넘겨지게 되었다.

  농협에서 빚 독촉이 시작될 무렵, 담보 잡힌 땅이 충주댐 수몰 지역에 들어갔다. 그 땅에 대한 보상이 이뤄졌고 농협에서는 힘들이지 않고 대출금을 회수해 갔다. 논 다섯 마지기가 눈앞에서 사라진 것만도 속 터지는 일인데 거기에 더하여 강변에 있었던 다른 땅에 대한 보상금은 면사무소 직원이 대신 수령하고는 행방을 감추었다. 사람을 믿었던 시아버님은 이장 일을 보는 동안 인감도장을 면사무소에 두고 다녔는데, 그 사람은 사표까지 쓰고는 행방을 감추었다는 것이다. 이런 일을 한꺼번에 당한 아버님은 술이 아니면 잠들 수가 없었다.

 1972년, 남한강에 일어난 대홍수를 남편은 그때 초등학생이었는데도 또렷하게 기억하고 있었다. 물을 피해 산으로 피신했다 돌아오니, 흔적이라고는 폐허가 된 벌판에 수도 파이프만 앙상하게 남아 있었다고 한다. 앞이 막막해진 사람들은 하나둘 살길 찾아 떠나가도, 당신은 오직 땅을 일구는 일밖에 없다며 시어머님과 함께 흙벽돌을 찍어 집을 짓고, 수해로 자갈투성이가 된 땅을 골라 예전의 모습으로 돌리고 그곳에 더 튼실한 삶의 뿌리를 내렸다. 당신의 부지런함이 이룬 결과였다. 남들이 밭갈이 한 번 할 때 두 번을 갈아엎었고, 심지어 논에 물을 댈 때도 당신의 논이 아래 논일 때는 윗논에서 흘러나오는 물을 맘대로 공급받을 수 없다며 수로에서 논까지 신작로를 따라 관을 묻었다. 그 노역은 초중고에 다니던 아들들을 동원하여 묻을 정도로 땅에 대한 애착이 대단하신 분이셨다. 아들들은 그렇게 한다고 다른 집 논보다 수확이 더 나는 것도 아니면서 공연한 일을 사서 한다는 생각이 들어도 감히 아버지에게 불평을 늘어놓지는 못했다. 아버지가 농사에 대한 애정과 애착이 크다는 것을 알고 있기 때문이다. 주인의 발걸음 소리에 농작물은 무럭무럭 자라고 더 튼실한 알곡을 맺는다고 믿는 당신은 세상이 깊은 잠에 빠져 있는 이른 새벽에도 자식 같은 농작물과 함께 이슬을 맞곤 했다.

그런데 시아버님이 전혀 예측하지 못했던 일들은 무시로 일어났다. 당신 손끝이 닳도록 일해 일궈놓은 땅이 물가의 것은 댐이 생길 때. 도로를 넓힐 때, 중앙탑 주변을 공원으로 만들 때 논이며 밭이며 심지어 당신이 살고 있는 집까지 수용당하기에 이른다. 관에서 하는 일은 당연히 협조를 해야 한다는 생각에 동네 사람 누구 하나 이의를 달지 않고 시에서 제시하는 보상가를 군소리 없이 받아들였다. 이번에는 집까지 수용당했으니 새로 집을 옮겨 짓고 이주를 했다. 그러나 그 보상금은 얼마 안 가 금세 바닥이 났다.

이제 농사는 작파한 것이나 다름없다. 땅이 줄어 얼마 남지 않은 것도 한 원인이고, 나이가 들어 근력이 모자라는 것도 원인이라면 원인이지만 더 큰 이유는 농사를 지어도 판매를 할 수가 없다는 것이다. 거기다 들쭉날쭉한 농산물 가격은 당신이 깨 농사를 지으면 깨 값이 폭락하고, 찰벼를 심으면 찹쌀값이 폭락한다. 농사지어 봐야 비룟값도 안 되는데 그렇다고 손을 놓을 수도 없다. 새로 지어 이사한 집의 생활비는 전의 집보다 곱절은 들고 한마디로 들어오는 돈은 없고 나갈 돈은 많다 보니 그나마 남은 땅을 처분할 수밖에 없었던 것이다. 땅을 처분하고 나니 앞일이 막막해지며 모든 걸 잃어버린 것 같은 허전한 마음을 어디다 하소연할 데도 없었다. 그 답답한 마음을 소주로 풀다 보니 몸도 마음도 흔들거리고 당신은 이제 쓸모없는 존재로 쪼그라들어 추위 하나도 이기지 못하는데, 마나님은 마을회관에서 사람들과 희희낙락하며 10원짜리 고스톱을 치고 있는 모습에 부아가 솟았다고.

　시어머님이라고 당신 등이 꼬부라지고 무릎관절이 오그라져 오금이 펴지지 않도록 일했는데, 왜 울화통이 터지지 않겠는가. 이미 당신은 울화통이 터져 갑상선에 이상이 와 치료를 받았고, 무릎연골 수술까지 받지 않았던가. 그래서 시어머님은 지나간 일에는 미련을 갖지 않고 즐겁게 살려고 노력 중이다. 그것을 이해 못 하는 시아버님의 심통이 시어머님을 치매 환자로 만들어버렸다.

나는 그해 겨울 시아버님을 이해하려 하지 않았다. 생떼를 쓰기 위해 술을 과하게 드시고 가족을 괴롭히려 한 것이라 생각했다. 시어머님과 의논한다는 것이 고작 알코올 중독을 치료해야 한다며 인터넷을 검색하고 병원에 입원시킬 궁리를 했다. 정부에서 운영하는 병원에서는 알코올 중독은 본인 의지가 중요해서 본인의 동의가 필요하다고 하고, 강제로 수용하는 곳은 마음이 내키지 않아 실행에 옮기지는 못했다.

몇 년의 세월이 흐른 지금, 그때 당시의 시아버님 심경을 들을 수 있었다. 내가 살아서 뭐 하나 하는 생각에 집 앞 차도에 나가 앉아 있었다고 한다. 가끔 지나치는 차들은 당신을 피해 어둠 속으로 사라지고, 쪼그려 앉아 있는데 춥기는 하고 늙은이 하나 죽는 것은 괜찮지만 나를 치고 가는 남의 자식 앞길 막을 것 같아 슬그머니 집으로 돌아왔다고 한다.

이번 설에 친목계에 다녀온 남편은 충주가 기업도시로 지정된 이후 땅값이 크게 올랐는데 이번에는 운하의 선착장이 근방에 들어선다는 풍문에 또다시 땅값이 요동친다고 한다. 이제 아버님에게는 이런 소식들은 먼 나라의 이야기이다. 그저 자식들이 드리는 얼마 되는 않는 용돈을 받고는 고맙다며 씩 웃으신다.

독수리 사형제

독수리 사형제가 합체를 했다. 합체한 사형제는 지금 시어머님 집 마당에서 누수 된 수도관을 찾으려고 머리를 맞대고 의논을 하고 있다. 무엇이든 뚝딱 잘 고치는 맥가이버 둘째가 오늘 공사의 감독이다. 셋째가 탁탁탁탁 시멘트를 깬다. 셋째가 힘들어 보였는지 막내가 해보겠다고 나선다. 시멘트를 깨고 삽으로 구덩이를 파기 시작한다. 첫째는 뒷짐을 지고 멀뚱히 서서 동생들 하는 양을 지켜보고 있다.

지난여름 시댁을 방문했을 때 수도 요금 고지서가 거실 탁자에 놓여 있었다. 무의식적으로 고지서를 눈으로 훑었다. 시어머님 혼자 쓴 물세인데 세 식구 사는 우리 집과 차이가 없다. 혹시 지난번처럼 누수가 생긴 것인가 의심이 들었다.

마당에 가서 계량기를 살펴보고 온 남편은 계량기에는 이상이 없다고 했다. 여름이라 물을 많이 쓰셨나? 지방마다 수도요금이 다른가? 의문이 들었지만 집으로 돌아온 순간 그 일은 까맣게 잊어버렸다.

그로부터 몇 주 후 둘째가 시골에 다녀왔다며 소식을 전했다. 수도계량기 안에 물이 가득 고여 있는 것으로 보아 어딘가 누수가 있는 것 같다고 이야기했다. 가까이 사는 셋째에게 작년에 공사한 업자에게 연락해 원인을 알아보라고 하고 올라왔다는 것이다. 시동생이 돌아간 후 남편은 시어머님께 전화를 드렸다. 수화기 저편으로 장황하게 설명하는 목소리가 울렸다.

시골집에 수도가 들어 온 것은 3년밖에 되지 않았다. 그런데 작년에 누수가 있어 공사를 한 번 했다. 누수를 발견한 것은 수도사용량을 검침하러 왔던 검침원이 이상을 알려주었다. 덕분에 누수 사실을 알았지만, 요금폭탄은 피해갈 수 없었다. 계량기의 이상은 시 소관이지만 집안으로 들어온 수도관은 집주인 소관이라고 했다. 셋째 시동생에게 공사업자를 알아보라고 해놓고는 마음이 급한 시어머님은 기다리지 못하고 당신이 수소문해서 알아낸 공사업자에게 일을 맡겼다.

공사업자는 누수 찾는 기계로 여기저기 찍어보더니 누수

지점을 찾았는지 땅을 조금 파헤쳐 놓고는 사라졌다 다음날에 와서도 공사를 하다 말고 사라졌다가 다시 와서 찔끔하고 갔다. 어디 다른데 공사를 하다 틈날 때만 와서 공사를 하는지 사흘이나 걸려서 한 공사인데 또 누수가 발생했다. 일단 작년에 공사한 업자에게 연락하자 시에 알아보라는 말만 남기고 전화를 끊었다. 시에서는 계량기의 이상이 아니므로 시 소관이 아니라고 했다. 다시 공사업자에게 전화했을 때 아예 전화를 받지 않자 시어머님은 단단히 화가 나셨다.

"그놈의 새끼들 맥주 달라 막걸리 달라 할 때 공사 잘하라고 다 해줬더니만, 공사를 이따위로 해놓고 백삼십만 원이나 받아 처먹고 가. 에이 나쁜 놈들."

결국 독수리 4형제가 합체를 하는 수밖에 없었다. 지은 지 20년이 넘은 어머니 댁은 노후 되어 손볼 일들이 많다. 시내의 공사업자들을 부르면 큰 공사가 아니면 해준다는 대답만 하고 오지 않는다. 지난번에 욕실에 물이 흘러내렸을 때도 업자들이 차일피일 미루고 있을 때 둘째가 가서 공사를 했다. 그 후 시어머님은 무엇이 고장 나면 A/S 기사를 부르는 것이 아니라 둘째가 오기를 기다린다. 둘째가 부모님 댁에 내려가면 자리에 엉덩이를 붙이고 앉을 사이도 없이 이것저것 고쳐야 한다고 지시를 한다. 어느 해 겨울에, 둘째는 새벽 다섯 시에 보일러가 터졌다는 어머니의 전화를 받고 의왕에서 충주까지 바로 출동을 했다. 임시조치를 해놓고 다시 충주에서 안양의 직장으로 출근을 했다. 독수리 사형제는 어머니 말씀을 거역하는 법이 없다.

 서로 번갈아 가며 삽질을 하자 금방 커다랗게 구덩이가 파였다. 합체한 사형제의 위력이다. 둘째는 맥가이버란 별명답게 현장을 자세히 살펴보고는 금방 누수의 원인을 찾았다. 수도관과 계량기를 연결하는 부위에서 물이 새고 있었다. 작년에 공사한 업자가 대충해놓고 흙을 덮어놓고 가버린 것이다. 둘째는 공사업자가 왜 전화를 받지 않았는지 알 것 같다며 꼼꼼하게 연결부위를 싸맨 다음 퍼내었던 흙을 다시 메웠다. 세 시간 만에 공사는 깔끔하게 끝났다. 시어머님의 얼굴에 자부심의 미소가 번졌다.

 시어머님 세대는 남아선호사상이 깊게 박혀 있어 아들만 낳은 어머님은 딸만 가진 엄마들의 부러움을 샀다. 이제는 시대가 변해 아들 가진 부모보다 딸 가진 부모들이 더 살가운 보살핌을 받는 시대다.

 "아들이 헤아리지 못하는 엄마 심정을 딸이 알아주니까 딸이 있어서 참 좋아."

 누가 딸 자랑이라도 할라치면 시어머님은 당당하게 말씀하신다.

"난 딸 가진 사람 하나도 부럽지 않다. 딸도 딸 나름이고 아들도 아들 나름이더라."

시어머님의 이 당당함 뒤에는 독수리 4형제가 버티고 있다. 어디서든 무슨 일이든 독수리 사형제는 어머님의 부름을 받으면 합체를 하여 날아갈 준비가 되어있다. 그리고는 필요한 것이 무엇이든 머리를 맞대고 해결책을 찾을 낼 것이다.

시동생의 주말농장

 "형수님, 초석잠 캐다 드세요. 호미는 오른쪽 하우스대에 걸어놨어요."

걸어서 10분 거리에 사는 시동생의 전화다. 알았다는 대답만 하고 차일피일 미뤘다. 급할 것도 없고 꼭 그걸 캐다 먹고 싶은 생각도 없었다. 며칠 후 시동생이 초석잠을 캤다며 가지고 왔다.

"날이 풀려서 촉이 트려고 해서 모두 캐버렸어요. 지난번 제가 전화했을 때가 적기였던 것 같아요."

시동생은 퇴직하면 자연농법으로 농사를 짓겠다며 주말농장을 시작했다. 첫해에는 30평의 밭을 빌렸다. 상추, 케일, 신선초를 비롯한 쌈 채소와 가지, 호박, 오이, 토마토, 시금치, 고추 몇 포기를 심었고, 어디서 구했는지 곤드레나물도 심었다. 30평은 생각보다 넓었다.

내 것도 아닌 것들을 나는 봄부터 가을까지 뻔질나게 드나들며 마음대로 뜯어다 먹었다. 처음부터 내가 그렇게 뻔질나게 드나든 것은 아니었다. 형제간에 자랄 때야 내 것과 네 것의 구분이 없었겠지만, 결혼하고 각자의 살림을 하게 되면 서로의 관계는 임의롭지 않다. 그래서 자주 가지 않았더니, 어느 날 시동생은 쌈 채소를 한 봉지 뜯어 가지고 왔다.

"형수님, 밭에 안 오셨죠? 다 키워 놓고 뜯어다 드시라고 해도 그것도 못 해요."

"내 것도 아닌데 마음대로 뜯어 오기가 어디 쉬운가요."

"신경 쓰지 말고 그냥 해다 드세요. 먼저 뜯어가는 사람이 임자예요."

사람의 염치라는 것이 한 번이 어렵지 두 번, 세 번 하다 보면 당연해진다. 이제는 내가 주인이라도 되는 양 이웃들에게 인심도 쓴다.

남편 형제들은 농사를 짓는 아버지를 도와 농사일을 해봐서 그런지 퇴직을 하면 시골에 가서 살겠다고 한다. 가장 적극적인 사람은 남편 바로 밑의 동생으로 주말농장의 주인이다. 그는 유기농 재배법을 배우겠다며 학원에도 다녔다. 내

친김에 유기농 기능사, 식품 가공기능사, 조경기능사 등 농업에 관련된 몇 개의 자격증까지 따고는 야심 차게 밭을 빌렸다. 집과 가깝다는 이유로 밭을 평당 15,000(주말농장은 보통 일년에 평당 10,000원 정도 한다.)원이나 주고 빌렸다. 그는 학원에서 배운 대로 병충해를 예방한다며 석회를 뿌리고 목초액도 뿌렸다. 주인의 정성을 아는지 고추도 오이도 싱싱하게 잘 자랐다. 제법 수확의 기쁨도 맛봤다. 밭에서 금방 딴 오이나 호박은 요리하려고 썰면 진이 나와 칼에 달라붙었다. 싱싱하다는 증거다. 상추는 고기 없이 쌈장만 얹어 싸 먹어도 쌉쌀한 맛이 시골에서 자랄 때 먹었던 바로 그 맛이다. 그러나 그 기쁨은 그리 오래가지 않았다. 곧 장마가 시작되었고 많은 비가 왔다. 장마가 끝나고 밭에 가봤다. 상추는 녹아 내렸고 주렁주렁 달려 있던 고추는 시들시들 힘을 잃었다. 케일 잎사귀에는 구멍이 숭숭 뚫려 있어 아무리 유기농이라도 먹을 엄두가 나지 않았다.

들인 공에 비해 소득은 별로 없었다. 가을 농사 또한 시원치 않았다. 그해에는 배추를 심을 시기에 비가 자주 왔다. 비 그치면 심는다고 미루다 시기를 놓쳤다. 옆 농장에서 모종한 무와 배추가 뿌리를 내리고 왕성하게 자랄 때, 뒤늦게 한 모종은 잘 자라지 않았다. 거름을 많이 하는 것도 좋지 않다며 거름을 아꼈고 비료는 아예 줄 생각도 하지 않았다. 영양실조에 걸려 자라지 못한 무는 생쥐만 하고 배추는 속이 차기는커녕 봄동 마냥 퍼드러졌다. 정작 김장은 거름을 얼마를 주었는지 어떤 성분의 비료와 농약을 주었는지도 모르는 배추를 사서 했다.

다음 해에는 부동산 중개사를 하는 내 친구의 소개로 집에서 걸어서 30분 거리에 있는 밭 50평을 임대료 없이 빌렸다. 이번에도 새로운 농법을 시도했다. 면역력에 강한 고추를 키우겠다며 고추 모종을 일부러 시들게 한 다음 심었다. 밭 주인이 시든 고추를 모종해 놓은 것을 보고 죽은 것 같다고 전화를 했을 정도다. 곧 죽을 것 같은 고추 모종이 뿌리를 내렸다. 살려고 애쓴 만큼 면역력이 강해졌을 것이라며 그는 의기양양했다. 그러나 그 고추도 장마가 지나자 병이 들었다.

두 번째 농사도 첫해처럼 소득이 없기는 매한가지였다. 케일은 여전히 구멍이 숭숭 뚫렸고, 열무는 거름을 주지 않아 뻣뻣하고 질겨서 먹을 수가 없었다. 가을에 심은 무와 배추 역시 진딧물이 빼곡히 달라붙어 있었다. 진딧물을 잡아먹게 한다며 어디서 무당벌레를 잡아다 놓았지만, 날씨가 추워지자 무당벌레는 다 어디로 도망을 가버렸다. 다만, 넝쿨이 잘 올라가게 거창(?)하게 하우스대를 설치하고 풀이 있어야 면역력이 강해진다며 풀을 뽑아 주지 않은 오이만큼은 예외였다. 날씨가 더워지기 전까지 오이는 정말 많이 열렸다. 무더위가 한창일 때 옆 농장의 오이가 말라 죽고 나서도 시동생이 심은 오이는 비록 구부러져 보잘것없었지만 선선한 바람이 불어올 때까지 따먹었다.

옆 농장의 작물들은 상추도 반들반들하고 가지도 슈퍼에서 파는 것처럼 때깔이 좋았다. 무와 배추도 전문가들이 키운 것처럼 튼실했다. 밭에 갈 때마다 그것들을 보고 있으면 샘이 나서 시동생에게 잔소리했다.

"옆집 가지 좀 봐요. 시장에 내다 팔아도 되겠어요. 우리 것은 양분이 없어 크지도 않고 꼴이 말이 아니네요. 거름 좀 주세요. 아무리 유기농이 좋다지만 벌레가 구멍 뚫어 놓은 케일도 먹고 싶지 않네요."

"아이고, 형수님. 좋은 것 먹자고 짓는 농사인데 비료 주고 약칠 것 같으면 사 먹지 무엇 하러 농사를 지어요. 내년에는 잘 지어 볼게요."

옆 농장의 아저씨가 우리의 대화를 듣고 고개를 갸웃하면서 "형수에요." 한다. 우리가 부부인 줄 알았단다. 하긴 동서는 일 년에 한 번 정도 고구마 캘 때나 나타나고, 나와 시동생은 하루가 멀다고 다녀서 부부로 오해를 한 모양이다. 남편 역시 밭에 가자고 하면 요리조리 핑계를 대며 일 년에 두서너 번밖에 가지 않는다.

세 번째 해의 농사는 풀을 뽑지 않았다. 병충해 예방한다며 목초액이나 EM 발효액 같은 것들을 어릴 때부터 수시로 뿌려주었다. 시동생의 지론은 면역력이 강해지면 병충해에도 강해진다는 것인데 그 말이 맞는지 벌레들이 좋아하던 케일이 그 전보다 말끔했다. 오이도 정말 잘 자라 열매도 많이 열렸다. 꽃이 피고 손가락 굵기만 한 것들이 삼사일만 지나면 따도 될 만큼 빨리 자랐다. 나는 신이 나서 주변의 친구들과 이웃들에게 인심을 썼다.

비닐을 씌우고 심은 가지, 고추, 토마토는 밭고랑에만 풀이 자라서 괜찮은데, 비닐을 씌우지 않고 여남은 포기 심은 땅콩은 풀 속에 묻혔다. 무엇을 심었는지 자세히 들여다보지 않으면 그냥 풀밭이다. 밭 주인이나 옆 주말농장 사람들은 풀을 뽑지 않는다고 참견을 했다. 일부러 키운다고 하면 같잖다는 듯 웃었다. 자기네 작물에 약을 뿌리고 남은 것을 주인의 허락도 없이 뿌려 놓고는 오히려 잘했다는 듯 생색까지 냈다. 시동생은 주말농장을 하는 이유가 무농약 채소를 먹는 것인데 왜 남의 배추에 약을 뿌렸느냐고 발끈했다.

거름이나 비료를 주지 않고 키워서인지 수확량은 적었다. 충분히 썩지 않은 동물분뇨 거름은 좋지 않다며 한약 찌꺼기를 썩혀서 거름을 만들었다. 거름 때문인지 농약과 비료를 주지 않아서인지 모르겠지만 지렁이와 굼벵이가 많이 생겼다. 시동생은 땅이 살아나는 증거라며 좋아했다. 장마가 지나고 나자 그것들을 잡아먹으려고 개구리와 두꺼비가 왔다. 고추 고랑의 무성한 풀 속에는 개구리를 잡아먹으려는 뱀이 숨어있을 것만 같았다. 나는 뱀이 나올 것 같다고 풀을 뽑았으면 좋겠다고 했다. 시동생도 그런 생각이 들었는지 며칠 후에 갔더니 밭이 훤했다. 풀을 뽑은 후 얼마 지나지 않아 고추는 군데군데 꺼멓게 얼룩이 졌다. 탄저병이라고 했다. 시동생은 풀을 없애라고 한 나를 타박하는 대신 내년에는 풀을 뽑지 않을 작정이라고 했다.

올해는 주말농장 4년 차다. 이제 자신감이 좀 붙은 듯하다. 얼었던 땅이 녹고 비가 내린 다음 날 무얼 심었는지 궁금해서 농장에 갔다. 벌써 상추, 케일, 치커리 같은 쌈 채소를 모종해 놓았다. 교정공무원으로 퇴직했다는 옆 농장 아저씨가 거름을 뿌리고 땅을 뒤집고 있었다. 그는 시동생이 짓는 농사가 오리지널 유기농이라며 엄지손가락을 척 올리며 대단한 사람이라고 치켜세운다.

나는 시동생에게 전화를 걸었다.

"상추 모종을 너무 적게 심은 것 같네요. 상추 씨앗을 좀 뿌렸으면 좋겠어요. 열무도 심어야죠."

나는 모종값도 주지 않고 씨앗 한 봉지도 사주지 않으면서 내가 원하는 것들을 당당하게 주문했다.

외면

늦은 퇴근길 집이 같은 방향인 동료와 함께 2호선 전철을 탔다. 피곤한 퇴근길의 전철 안 풍경은 의자에 앉아 꾸벅꾸벅 조는 사람, 손잡이를 꽉 잡고 흔들흔들 서서 가는 사람, 일행과 함께 대화에 열중해 있는 사람, 신문을 보는 사람, 주변을 두리번거리는 사람, 나도 그중의 한 사람이다.

주변을 쭉 둘러봤다. 출입문 옆에서 동료로 보이는 여성 둘이 직장에서 언짢은 일이라도 있었는지 흥분된 어조로 이야기를 하고 있었다. 나는 그 사람들을 바라봤다. 내 시선이 느껴졌는지 그들 중 한 사람이 내 쪽을 흘깃 봤다. 그 순간 그녀의 눈과 내 눈이 딱 마주쳤다. 그쪽도 나도 멈칫했다. 그녀의 눈빛이 나를 아는 것 같았다. 그녀도 내 눈빛에서 자기를 알아봤다는 것을 인지한 듯했다. 짧은 몇 초의 시간, 나는 아는 척을 할까 말까를 망설였다. 내심 그녀가 먼저 아는 척을 해주기를 바랐다. 내 바람과 달리 그녀는 고개를 돌리고 일행과 다시 이야기에 열중했다. 그녀에게 아는 척을 할 용기가 나지 않은 나도 고개를 돌렸다. 우린 모르는 사람들끼리 무심히 바라보다 마주친 눈길이 민망해서 딴청을 부리듯 서로를 외면했다. 나는 꼿꼿이 서서 눈은 창밖을 보고 있었지만 내 의식 속의 시선은 그녀를 향해 있었다. 그녀보다 내가 먼저 전철에서 내렸다. 집으로 걸어가는데 뭐라고 형언할 수 없는 기분이 들었다.

그녀와 난 5학년 때 짝꿍이었다. 1학년부터 5학년까지 같은 반이었고 그녀와 난 한 번도 다툰 적 없이 잘 지냈다. 학교 근처 친구네 집을 빼고, 내가 유일하게 다른 동네 친구네 집을 가본 것이 그녀의 집이 유일했다. 그녀와 사이가 나빴던 것도 아니었는데 왜 그랬을까? 기억을 되짚었다.

5학년 때 어디서 어떻게 시작되었는지 모를 이상한 놀이가 유행을 했었다. '멘제이'라는 것인데 둘이서 손가락을 걸고 서로 말을 하지 않기로 약속을 하는 것이었다. 먼저 말을 거는 사람이 게임에서 졌다. 게임에서 졌다고 어떤 불이익은 없었다. 먼저 말을 걸지 않았다는 뿌듯한 마음만 있었을 것이다. 아이들은 맨날 하는 고무줄놀이나 공기놀이가 심심했는지 정체불명의 새로운 이 놀이를 많이들 따라 했다. 그녀와 나도 손가락을 걸고 말을 하지 않기로 약속을 했다. 짝꿍인 우린 학기가 끝날 때까지 서로 말을 하지 않았다. 대부분의 아이들은 손가락을 걸고 굳은 약속을 했음에도 불구하고 며칠만 지나면 서로 아무 일 없었다는 듯 고무줄놀이를 하고 공기놀이를 했다. 그런데 우린 누구도 먼저 말을 하지 않았다. 짝꿍과 말을 하지 않는다는 것은 불편한 것이 많았다. 가령 책을 가지고 오지 않은 일이 있었을 때 같이 보자고도 할 수 없고, 준비물을 깜빡 잊었을 때 빌릴 수도 없었다. 시작은 언제 했는지 기억에 없지만, 그 기간은 꽤 길었다. 여름방학을 할 때까지도 우리의 게임은 계속되었다.

  2학기 개학을 하고 나서도 우린 여전히 짝이었다. 언제 누가 먼저 어떤 계기로 말을 시작했는지 모르지만 우린 말을 하고 같이 놀기 시작했다. 서로 싸운 적도 사이가 나쁘지도 않았지만, 말을 하지 않는 기간만큼 우리 사이의 마음의 거리도 꽤 멀었다. 서먹한 관계가 예전으로 돌아가려면 시간이 필요했을 텐데. 개학하고 얼마 지나지 않아 나는 서울로 전학을 했다. 그 바람에 관계 회복을 하지 못하고 헤어졌다.

  그녀의 소식을 동네 친구에게서 간간이 듣기는 했다. 언젠가는 한번 만날 수 있을 거라는 생각은 했었다. 우연히 만나게 된다면 무척 반가울 것이라고 상상을 했었는데. 복잡한 전철 안에서 이렇게 마주칠 줄은 몰랐다. 그녀와 난 서로 알아봤으면서 아는 척을 하지 않고 왜 외면을 했을까. 아직도 그때의 '멘제이'가 남아 있어 반가움보다 어색함과 서먹함이 남아 있었던 것일까.

그녀와 나 사이의 거리는 물리적으로도 심리적으로도 가까이하기에는 너무 멀리 떨어져 있어서 전혀 모르는 사람처럼 되어 있었다고밖에는 설명할 길이 없다.

예쁜 딸

다급하게 현관문 두드리는 소리가 났다. 옆집 언니다. 딸이 급하다고 신용카드를 찍어서 보내달라고 하는데 전송이 안 된다며 뛰어왔다. 직장에 다니는 딸이 왜 엄마 카드가 필요한지 이해가 가지 않지만 남의 자식 일에 간섭하는 것은 예의가 아니라서 사진만 전송해 주었다.

사진을 받은 딸은 카드 비밀번호를 알려 달라고 했고, 몇 번에 걸쳐서 카드 결제를 할 것이라고 했다. 혹시 카드사에서 전화가 오면 엄마가 결제한 것이라고 대답하라는 메시지도 보냈다. 딸과 통화는 했는지 물었다. 폰이 고장 나서 통화는 불가하다고 했다.

잠시 후 비밀번호가 틀리다며 주민등록증을 찍어서 전송해

달라고 한다. 아무 의심도 없이 주민등록증을 찍어서 전송해 주었는데 또 톡이 울린다. 카드사에 직접 전화해서 비밀번호를 변경하고 번호를 알려달라고 한다. 숨 돌릴 틈도 주지 않고 재촉이다. 인터넷은 사용도 하지 않고 스마트폰에 있는 기능들을 사용하는 것도 미숙해 가끔 나에게 사용 방법을 물어보기도 하는 엄마의 마음은 바쁘다.

카드사에 전화해서 비밀번호를 바꾸려고 하자 상담직원은 마치 옆에서 지켜본 것처럼 지금까지 일어난 상황을 하나씩 물었다. 피싱을 당한 것 같다며 카드를 정지시키겠다고 했다. 주민등록증을 말소하라는 친절한 안내도 해주었다. 옆집 언니와 나, 두 사람 다 무엇에 홀린 것처럼 그들의 지시를 따른 것에 잠시 얼이 빠져 아무 생각도 나지 않는다. 정신을 차리고 메시지를 찬찬히 살펴보았다.

여태 딸 박○○랑 메시지를 주고받았는데 모르는 사람 이름이 떴다. 옆집 언니는 폰에 딸 이름 대신 '예쁜 딸'로 등록을 해놓고도 "엄마, 나 급해서 그러는데"라는 말에 사고가 마비되었던 것이다.

부모에게 자식은 항상 물가에 내어놓은 어린아이 같은 존재다. 객지 생활을 하고 있는 자식이 도움을 요청하면 앞뒤 잴 것도 없는 것이 부모 마음인 것이다. 보이스피싱 조직은 그 심리를 너무도 잘 알고 있어 그것을 이용해 오늘도 누군가에게 메시지를 보내고 있을 것이다.

4.
오르지 못할 나무는 없다

딛고 올라설 발판도 없이 온몸으로 세상이란 언덕을 오르는
것은 힘겨운 일이다. 하루 열두 시간의 근무는 선망에 불과했고,
밤 열 시가 되어야 끝나는 일과에도 늦은 시간까지 책을 읽거나
검정고시 공부를 하며, 배움에 대한 열정과 끈을 놓지 않는다.
오늘날 그가 일궈낸 결과물들은 그런 그의 열정이 만들어낸
결정체라는 것을 증명한다.

어머니를 향한 절절한 사모곡(思母曲)
해석이 필요해
마음을 비춰보다
꽃으로 문질러 쓴 애달픈 인생이야기
오르지 못할 나무는 없다

어머니를 향한 절절한 사모곡(思母曲)

―신현국의 「아버지를 위한 변론」

나는 간혹 어떤 글을 읽고 감상평을 쓰고 싶어질 때가 있었지만 한 번도 감상평을 쓰지 않았다. 내 글도 변변하게 쓰지 못하면서 남의 글에 서툰 감상평을 쓴다는 것은 작가에게 누가 될까 염려되었기 때문이다. 그러니 감상평을 쓴다는 것은 엄감생심이고, 고작 한다는 것이 작가를 만났을 때 글 잘 읽었다는 인사 정도만 하고 만다. 이번 글 역시 다음에 작가를 만나면 글 잘 읽고 있다는 인사나 할 요량이었다.

『아버지를 위한 변론』은 에세이스트 61호부터 연재되고 있다. 작가는 연재 첫 회에서 이 글을 쓰게 된 동기를 밝혔는데 나는 다른 어떤 내용보다 "부모님의 일대기가 아니라 빨

갱이 가족에 대한 제도적 차별을 딛고 어린 세 자녀와 함께 살아남은 어머니의 생존기록"이라는 문장만으로도 작가의 가족들이 지금껏 살면서 받았을 상처들이 어떠했으리라는 것이 짐작이 갔다. 그것은 어쩌면 월북한 가장을 둔 어느 모자의 삶을 곁에서 지켜봐 왔기 때문에 이 글을 더 관심 있게 읽게 된 것인지도 모르겠다.

이번 67호에 연재된 「북행길과 남행길」을 읽고 나서 마음에 남아 있는 몇 장면들이 자꾸 나를 따라다녔다. 월북한 아버지를 둔 아들들은 이 사회에서 손발이 묶였다. 가장의 부재로 인한 경제적 어려움뿐만 아니라 하고 싶은 것도 마음대로 할 수도 없었다. 연좌제 때문에 평범한 삶을 살지 못한 그들 가족들의 이야기인 『아버지를 위한 변론』은 작가의 가족사이면서 우리 현대사의 민낯이라는 생각이 들었다.

재헌 국회의원이었던 아버지가 국회 프락치 사건으로 기소되어 1심 판결에서 유죄판결을 받고 불복하여 고등법원에 항소한 후 재판을 기다리는 중에 한국전쟁이 났다. 전쟁의 소용돌이 속에 아버지가 납북되고 남은 가족들이 피난을 가는 여정을 그려 놓은 장면들을 다 읽고 덮어놓았는데도 잔상들이 자꾸 떠올라 지나칠 수가 없었다.

남편도 없이 어린아이를 데리고 피난 가는 길, 기차가 멈추었을 때 기차 지붕 위에서 내려와 언 손발을 녹이고 기차가 다시 출발 기적을 울리고 다시 기차 지붕 위로 올라가야 하는데 아기를 업고 딸아이를 보듬은 채로 열차 위로 다시 오르려고 애쓸 때 한 중년 남자가 "먼저 올라가구려. 내가 아이를 보듬어 올려 주리다."라는 말을 믿고 기차 지붕 위에 올라가서 뒤돌아봤을 때 남자는 어디론가 사라지고 딸아이만 지붕 위의 엄마를 빤히 쳐다보고 있는 장면.

다음번 기차가 섰을 때는 아이를 잃어버릴까 봐 아이를 업고 안고 가방을 들고 기차 지붕 위로 오르려고 애를 쓰고 있을 때, 이번에도 늙수그레한 남자가 "아주머니 애들하고 먼저 기차에 오르구려. 내가 짐을 올려줄 테니."라고 말한 남자가 가방을 들고서 인파 속으로 유유히 사라지고 있었습니다.

옷섶을 아무리 여미어도 찬바람이 품속으로 파고들어 위아래 이가 저절로 딱딱 부딪쳤습니다. 이대로 밤을 새운다면 얼어 죽을지도 모른다는 공포감이 몰려와 아이들을 더욱 품에 끌어안았습니다. 도둑맞은 옷가지들이라도 있었으면 껴입을 수 있을 텐데 하는 생각이 절실했습니다. (중략) 그렇게 웅크린 채로 얼마나 시간이 지났는지 모릅니다. 점차 춥다는 의식조차도 가물가물해지고 있었습니다.

이런 장면들을 읽을 때 시야가 흐려지면서 가슴이 먹먹해졌다. 글을 다 읽고 나서도 한참 동안 머릿속에 잔상으로 남아 아른거렸다. 딸을 잃어버렸을까 봐 가슴이 조마조마해지고, 전 재산이나 마찬가지인 가방을 들고 사라진 남자가 원망스럽다. 힘에 밀려 모닥불 근처에는 얼씬도 못 하고 아이들을 보듬어 품에 안고 아래위 이를 딱딱 부딪으며 떨다가 정신이 가물가물해지는 장면들을 읽는데 가슴이 먹먹해지면서 시야가 흐려져 읽기를 멈추고 한참을 멍하니 앉아 있다가 남은 부분을 마저 읽었다. 글을 읽는 독자도 이럴진대 작가의 심정은 오죽했을까.
　아마도 작가는 지난날을 회상하는 어머니의 이야기를 수도 없이 들었을 것이다. 어머니는 이 이야기를 단순히 당신이 고생한 이야기를 들려주려는 것이 아니었을 것이다. 북으로 간 아버지를 원망할지도 모르는 자식들에게 아버지가 어떤 사람이었다는 것을 알려주고 싶었을 것이고, 피난길에 얼어 죽기 직전 나타나 모닥불을 피워 목숨을 살려준 군인에게 감사한 마음을 두고두고 되새기기 위함이었 것이다. 어머니께 들은 이야기를 글로 쓰면서 작가는 마치 자기가 직접 체험한 것처럼 기억이 생생해져 많이 아팠을 것이란 생각이 들었다.
　아는 만큼 보인다고 했던가. 나는 정치에는 문외한이고 국회 프락치 사건이라는 단어는 들어봤어도 그 사건의 정확한 내막 같은 것은 이 글을 통해서 알게 된 것이 다이다. 그래서 이 글을 읽으면서 아버지의 이야기보다는 어머니 이야기에 초점을 맞춰 읽게 되었다.

「북행길과 남행길」을 읽으면서 내내 머릿속을 떠나지 않았던 것은 아들이 어머니를 향해 풀어낸 절절한 思母曲이란 생각을 떨칠 수가 없었다. 가슴 뭉클한 감동이다. 그래서 다음 호를 또 기다리게 된다.

해석이 필요해

— 윤모촌의 『오음실주인』

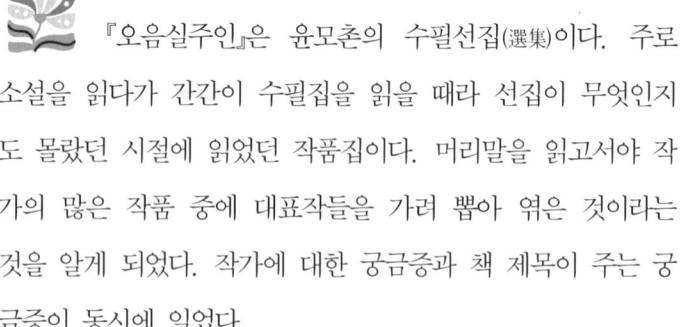『오음실주인』은 윤모촌의 수필선집(選集)이다. 주로 소설을 읽다가 간간이 수필집을 읽을 때라 선집이 무엇인지도 몰랐던 시절에 읽었던 작품집이다. 머리말을 읽고서야 작가의 많은 작품 중에 대표작들을 가려 뽑아 엮은 것이라는 것을 알게 되었다. 작가에 대한 궁금증과 책 제목이 주는 궁금증이 동시에 일었다.

'오음실'이란 단어를 보고 제일 먼저 떠오른 생각은 고즈넉한 어느 고장으로 여행을 갔다가 하룻밤 묵게 된 집 주인과 작가 사이에 일어난 소소한 에피소드이거나 사연 많은 집 주인의 이야기일 것이라는 추측이 그 하나고, 또 하나는 분위기 좋은 전통 찻집의 우아하고 교양 있는 여주인과 교류한

이야기일 것이라는 상상을 하면서 책을 펼쳐 들었다. 예상은 완전히 빗나갔다. '오음실'은 민박집도 찻집도 아닌 글자 그대로 풀이를 하자면 오동나무 그늘이 있는 집이다. 아마도 '실'이란 단어를 보고 마을이거나 집이라는 지레짐작을 한 때문일 것이다.

나는 책을 읽기 전에 표지부터 살펴보고 머리말을 읽고 목차는 눈으로 쓱 훑어보고 흥미를 끄는 제목이 있으면 먼저 한두 편 읽어 보고 다시 처음으로 돌아와 찬찬히 읽는다. 이 책의 표지 날개에는 "한국일보 신춘문예에 수필「오음실주인」당선(1974)"이라고 쓰여 있다. 나는 중학교 2학년 때부터 일간신문을 읽었다. 그것은 아마도 그때 신문에 연재되던『겨울여자』라는 소설을 읽으면서 신문읽기에 재미를 붙였고 해마다 새해에 연례행사로 실리는 신춘문예에 당선된 글들을 읽는 것은 새로운 경험이었다. 방바닥에 신문을 펼쳐 놓고 시를 읽고 소설을 읽고 기존에 읽고 있던 글들과는 다르다는 느낌을 받았다. 좀 난해하고 새롭다는 느낌이 들었고, 담담한 것 같으면서도 감격이 넘치던 당선 소감을 읽는 것도 재미있었다. 아마추어 작가에게는 등용문이었던 신춘문예가 주는 단어의 무게를 나는 10대 때 이미 느꼈던 터라「오음실주인」이 신춘문예 당선작이라는 것에 흥미가 끌렸다.

1974년에 발표된 작품이면 지금으로부터 47년 전이다. 한 세대의 반이 지난 지금의 시점에서 이 작품을 다시 찬찬히 읽었다. 과히 수필의 고전이라 할 만하다.

손바닥만 한 마당에 우연히 날아든 오동나무 씨가 발아하고 성장하는 과정을 관찰하면서 오동나무가 처한 환경과 자신의 삶을 관조하며 아내에 대한 고마움을 피력하는가 하면, 옛 선인들이 풍류를 즐기기 위해 오동을 심고 즐겼는데 그것은 오동나무가 계절마다 다른 모습을 선사하기 때문이라고 한다.

잎이 푸를 때는 그늘이 좋고, 낙엽이 지면 빈 가지에 와 걸리는 달이 좋다. 여름엔 비 듣는 소리가 정감을 돋우고, 가을밤엔 잎 떨어지는 소리가 심금을 울린다.

싹틀 때부터 키운 나무가 하늘이 보이지 않을 정도로 큰 나무가 되어 그늘도 만들어 주고 여름에는 넓은 잎에 떨어지는 빗소리와 잎이 모두 진 겨울밤 빈 가지에 걸린 달은 신화와 동화의 달로 되돌아가 어린 시절의 고향을 불러다 주고 작가의 가슴에 서정이 넘치게 한다. 다른 계절의 달보다 겨울의 달이 더 서정을 불러오는 것은 잎이 진 나뭇가지의 황

량함과 쨍하게 추운 겨울바람의 찬 기운이 은은한 달빛과 어우러진 때문이리라. 귀촌해서 나무를 심고 가꾸며 사계절을 온몸으로 느끼며 살고 있는 내게 오동나무가 불러온 서정이 가슴에 와닿았다.

『오음실주인』을 읽으면서 하나의 복병이 있었다. 「오음실주인」과 「야래향(夜來香)」을 비롯한 몇몇 작품은 한자어가 많아서 내 짧은 소양으로는 이해가 되지 않은 단어들은 사전을 찾아보며 읽었다. 한자 교육을 받지 않는 세대가 이 작품들을 읽는다면 고전을 읽을 때처럼 해석이나 주석이 필요할지도 모르겠다. 내가 이런 생각을 하게 된 것은 며칠 전 본 〈다수의 수다〉라는 텔레비전 프로에서 일타강사들이 나와서 이야기하는 것을 듣고 나서다.

요즘 아이들이 독해력이 없어 문제의 요지를 모른다는 것이다. 예를 들면 요절이란 단어의 뜻을 손절각이라 하고, 삼별초의 난을 설명하면 삼별초란 단어만 듣고 어디에 있는 초등학교냐고 묻는다는 것이다. TV 예능프로에 연예인들이 지극히 일반상식적인 문제의 답을 할 때 일부러 웃기느라 엉뚱한 답을 하는 것이라 생각했다. 알고 있지만 웃음을 유발하기 위해 각본에 따라 그러는 줄 알았다. 그러나 일타강사들의 이야기를 듣고 정말 말귀를 못 알아듣거나 배경지식이 없어 생뚱맞은 답을 했을 수도 있다는 생각이 들었다. 엉뚱한 대답을 하는 아이들이 지금은 소수라고 해도 우리와는 다른 세계를 살고 있는 아이들의 숫자는 점점 늘어갈 것이다. 첨단시대를 걷고 있는 지금 서정적인 단어들은 사라져가고 문명의 발달에 따른 새로운 단어들(대부분은 외래어)이 더 많이 생겨나고 있다. 세대에 따라 쓰는 언어가 달라지고 있다. 지금도 줄임말을 쓰는 젊은 세대의 말을 못 알아들어 가끔 통역이 필요할 때도 있다. 시대의 흐름은 거스를 수 없는데 따라가는 것이 숨 가쁘게 느껴진다.

　머지않은 날에 『오음실주인』을 비롯한 현대의 문학 작품들이 고전의 반열에 올라 해석이나 주석이 필요한 날이 올 것 같은 예감이 든다.

마음을 비춰보다

―이수태의 『어른 되기의 어려움』 중 「작은 손해를 감수하는 일」

엉겁결에 월간 『한국수필』의 수필 DJ의 원고청탁을 받고 고심하던 중 『어른 되기의 어려움』이 퍼뜩 떠올랐다. 내가 이 책을 읽은 것은 2009년쯤으로 기억한다. 책을 찾으려고 책장을 찬찬히 살폈지만 눈에 띄지 않았다. 이사를 하면서 오래된 책들을 정리할 때 없어진 것인지, 아니면 작년에 새로 짜 넣은 책장이 기존의 것보다 책이 덜 들어가 일부를 정리하면서 묶어 나갔는지 아무리 살펴도 보이지 않았다. 낭패감이 들었지만 새로 구입을 해서라도 이 책을 소개하고 싶었다.

10년도 더 된 에세이집을 구입할 수 있을까 하는 의문이 들었지만, 혹시나 하는 마음에 검색을 해보았다. 2009년에 내가 구입했던 것은 없었고, 2012년에 새로 출판한 것이 검색되었다. 2002년에 초판을 찍은 책이 2009년에 재판을 찍고 2012년에 이 책이 또 출간이 된 것이다. 반가운 마음에 함께 검색된 이 작가의 또 다른 저서 『상처는 세상을 내다보는 창이다』도 같이 주문을 넣었다.

대중에게 널리 알려진 작가가 아닌데도 불구하고 2002년에 초판을 찍은 책이 재판을 찍고 10년 만에 삼판을 찍었다는 사실이 놀라웠다. 그동안 소리소문없이 이 책을 찾는 독자들이 꾸준히 있었다는 것 아닌가. 나의 이런 의구심은 『상처는 세상을 내다보는 창이다』를 읽다가 「It's me」라는 작품 속에서 그 해답을 찾았다.

대전에서 객지 생활을 하고 있을 때였다. 나의 사무실로 낯선 전화가 한 통 걸려 왔다. 어느 70대 노인의 전화였다. 그는 서울에서 대학 교수 생활을 하다가 지금은 은퇴하여 제주도의 어느 한적한 곳에서 살고 있다면서 전화를 건 이유를 이렇게 말했다. 얼마 전 자신의 친구이자 서울대학교에서 천문학 교수를 지내다 역시 오래 전에 은퇴한 이 모 교수를 만났더니 내가 쓴 책 『어른 되기의 어려움』을 읽었다며 그 책을 보여 주면서 호평과 함께 일독을 권하더라는 것이다. 그래서 그 책을 빌려와서 읽어 보았는데 왜 그 책을 권

했는지 알겠더라는 이야기였다.

　아는 사람만 안다는 맛집처럼 이 책을 읽은 사람만이 이 책의 진가를 발견하고 지인에게 권유하여 읽게 만드는 마력을 가졌다. 그것은 아마도 작가가 경험한 일들을 한 개인의 이야기에서 그치는 것이 아니라 사회에서 일어나는 다양한 현상들을 접목하여 우리들의 이야기로 이끌어 내었기 때문으로 생각한다. 문장의 짜임도 탄탄하고 사고의 폭도 넓고 사유의 깊이가 깊어 독자들로 하여금 공감을 불러일으켰다고 생각한다.

　『어른 되기의 어려움』이란 큰 주제에 어울리는 작품으로 「이성(異性)의 세계와 어른의 세계」라는 작품을 소개하고 싶었으나 작품의 분량이 길어서 일부를 생략하거나 중략을 하면 의미 전달이 되지 않을 것 같아 고심 끝에 「작은 손해를 감수하는 일」이란 작품을 소개한다. 이 작품은 오래전 그가 군대 생활을 할 때 일어난 조그마한 사건의 해결 과정을 소개하고 그 과정을 지켜보면서 세상을 내다보는 중요한 틀이 되어주었다고 한다.

　부대에서 일어난 조그마한 사건이라는 것은 어느 중대의 화장실 유리창이 분실되는 것이 사건의 발단이다. 분실된 유리창을 새로 마련해서 끼우는 것이 아니라 다른 중대의 유리창을 몰래 빼 와서 해결한다. 그러면 새로 잃어버린 중대는 또 다른 중대에서 훔쳐 오고, 사건은 뫼비우스의 띠처럼 돌고 돌아 6중대까지 왔다. 6중대장은 다른 중대장들과 다르게 그 사건을 해결한다. 그것은 자신의 사비를 털어 영외에 나가 유리창을 맞춰 오라는 지시를 함으로써 돌고 도는 뫼비우스의 고리를 끊은 것이다.

이 사건은 작가가 훗날 세상의 어지러운 현상을 분석해서 판단하는데 무슨 공식이라도 되는 듯 종종 회상하곤 한다고 술회한다.

사실 조그마한 손해를 감수하는 것, 한 발짝쯤 양보하는 것은 결코 어려운 일이 아니다. 때로 그것은 한두 시간의 수고나 점심값 정도의 금전에 지나지 않는 경우도 많다. 엄밀하게 생각해 보면 그러한 양보가 우리를 특별히 궁지에 몰아넣지도 않고 그로 인하여 무거운 짐을 짊어지게 되는 것도 아니다.

묘한 것은 그러면서도 많은 사람들이 그렇게 하는 것은 사뭇 바보짓 같고 모든 사람들이 공인하는 삶의 질서로부터 홀로 이탈하는 것 같은 느낌을 준다는 것이다. 실로 그렇다. 열 명의 중대장들이 아무도 그 쉬운 발상을 쉽게 하지 못한 데에는 세속적 삶을 지배하는 끈질긴 가치관의 중력이 작용하고 있었기 때문이라 할 수 있다.

「작은 손해를 감수하는 일」의 작품의 핵심은 위에 인용한 대목일 것이다. 그의 글은 이렇게 그가 경험하고 느꼈던 사건들을 세상에서 일어나는 현상들과 접목을 해서 그만의 눈으로 세상을 바라본다. 그의 시선이 때로는 따뜻하고 때로는 냉소적이지만 그는 지극히 윤리적이고 도덕적인 사람일 것이라는 느낌이 든다. 나의 이런 느낌을 독자들도 느껴보기를 바란다.

꽃으로 문질러 쓴 애달픈 인생 이야기

—김서령의 『여자전』

구독하던 신문에서 「김서령의 이야기가 있는 집」이라는 칼럼을 읽었다. 집에 대한 묘사라던가 그 집에 사는 사람들의 삶의 방식이나 철학들이 잘 녹아있었다. 집이 재테크의 수단이 아닌 내 삶이 녹아있는 그런 집에 살고 싶다는 생각을 하게 해주었던 글이었다. 주말에 실리는 칼럼을 읽으려고 주말을 기다렸다. 물론 김서령이란 이름도 단단히 기억해 뒀다.

칼럼의 연재가 끝나고도 가끔 그의 글이 실리면 반가워서 얼른 읽어 보곤 했다. 등단하고 수필지에 실린 그의 작품을 읽게 되었다. 「그에게 열광하다」란 작품이었는데 나도 모르게 흡입되어 반복해서 몇 번을 읽었다. 문장의 장단이나 단어들의 나열에서 생동감이 일었다. 마치 시를 읽는 것처럼 운율도 느껴졌다. 나도 그녀에게 열광하고 있었다. 열광이라는 수준이 고작 그의 글들을 찾아 읽고 먼발치에서 그녀의 근황을 듣는 것이 전부였지만.

그의 저서 『참외는 참 외롭다』도 좋지만 『여자전』은 우리 바로 앞 세대의 선배들이 겪은 일들을 인터뷰하고 엮은 책이다. 여기 등장하는 일곱 분의 삶이 곧 우리 현대사라 해도 과언이 아니다. '한 여자가 한 세상이다'란 부제처럼 한 분 한 분의 인생 행로가 예사롭지 않다. 2007년에 첫 출간을 하고 2017년에 재출간을 할 때는 작고한 분도 기억이 흐려진 분도 귀가 잘 들리지 않는 분도 있다. 이런 기록이 없다면 그분들의 안타까운 삶은 영영 묻히고 말았을 것이다.

지리산 빨치산 할머니 고계연

삼천포의 부유한 집안의 막내딸이 빨치산이 되었다. 일본 메이지대 출신의 사회주의자였던 장인의 영향을 받아 사회주의자가 된 둘째 오빠 때문에 집안이 풍비박산 난다. 아버지와 오빠가 산으로 들어가자 고계연은 아버지를 찾으러 갔다가 얼떨결에 빨치산이 된다. 산 생활은 총 맞아 죽을 각오, 얼어 죽을 각오, 굶어 죽을 각오라야만 견딜 수 있다. 3년의 산중생활로 오른쪽 발가락을 모두 동상으로 잃는다. 그의 증언들을 읽다 보면 산중생활에도 동지애와 나름의 희로애락이 있었다.

토벌대에 생포되어 산에서 내려왔지만 서른여덟 번의 이사가 증명하듯 사회에 정착하기가 만만치 않았다. 그러나 인정 많고 의협심 강하고, 오기 있고 당찬 그는 이 사회에 뿌리를 잘 내리고 자식들을 의사와 예술가로 길러낸다.

반세기 넘게 홀로 가문을 지켜온 종부 김후웅 할머니

김후웅 할머니는 안동 광산김씨 유일재(惟一齋) 종가의 종부다. 남편은 한국전쟁 때 월북했다. 아들 하나를 낳았지만, 홍역으로 잃었다. 다시 아이를 낳을 수 있을 줄 알았는데 전쟁이 터지고 남편이 월북을 해서 아이를 가질 기회도 잃었다. 남편도 아이도 없이 홀로 종가를 지킨다. 종가의 교육이란 것이 유교를 바탕으로 이루어졌을 것이다. 김후웅 할머니도 어려서부터 반복해서 여자의 행실이나 덕목과 같은 교육을 받은 터라 그것이 무의식에 가라앉아 스스로 행동을 제약하며 일정한 틀을 벗어나지 못하고 외롭고 고달픈 삶을 살아간다.

나는 주변에서 한국전쟁 때 북으로 간 남편을 두고 홀로 살아가는 사람들을 몇 분 알고 있다. 자식이 한둘 있는 경우도 있고 자식이 없는데도 홀로 여생을 보낸 분도 봤다. 서슬 퍼런 반공주의 시대에 북으로 간 남편 때문에 누가 알까 누가 들을까 노심초사하며 살던 모습을 그들이 왜 그랬는지 그때는 알지 못했다.

그래도 김후웅 할머니는 남편과 헤어진 지 54년 만에 금강산 초대소 면회장에서 20대 때 헤어진 남편을 80 노인이 되어서야 만난다. 2박 3일 일정에 같이 있는 시간은 다섯 시간밖에 주어지지 않았고 상봉은 덧없이 끝난다. 이후 후웅 할머니의 삶은 많이 달라진다. 일본에 있는 남편의 친구를 통해 서신을 주고받으며 전에는 들을 수 없었던 소녀 같은 모습으로 수줍은 웃음소리를 내고, 통일이 언제 될지를 손꼽기도 한다. 세 번의 편지를 받은 후 더 이상의 소식은 없다. 통일을 기다리던 후웅 할머니는 2014년 세상을 떠났다.

일본군 위안부 김수해 할머니

아홉 남매의 맏딸로 태어난 김수해 할머니. 가난한 친정을 도와주던 고모가 풍병이 나자 열다섯 나이에 고모집 살림을 도와주러 구룡포로 간다. 거기서 만난 친구 갑숙이 함께 외국으로 돈 벌러 가자고 해서 낯선 남자를 따라나선다. 그들이 도착한 곳은 위안소 생활이 시작된 중국 흑룡강성 목단강시 군부대가 주둔한 곳이다. 악몽 같은 생활을 견디다 못해 탈출을 감행했다 잡혀서 불에 달군 인두로 온몸이 지져진다. 젖가슴과 엉덩이와 등과 팔뚝, 허벅다리…… 깊은 속살, 은밀한 곳마다 흉측하고 잔인한 흉터. 이렇게 확실한 증거가 있는데도 위안부 문제를 발뺌하는 일본의 행태에 할머니는 분노한다. 두 번 다시 꺼내고 싶지 않은 일이지만 증언은 얼마든지 할 수 있다고, 그러나 이름은 밝히지 말아 달라는 할머니. 김수해는 작가가 지은 가명이라고 한다.

중국 팔로군 출신 기공연구가 윤금선

일제강점기 배고픔을 면하려고 만주로 이주한 사람들이 많았다. 윤금선의 가족도 땅이 너르고 비옥하다는 소문을 듣고 이주하지만 소문과 달리 영하 30도의 강추위가 기다리고 있었다. 살길을 찾아 두 오빠가 팔로군에 입대하자 그녀도 따라 입대한다. 중국 내전과 한국전쟁에 참전했다. 전쟁에서 살아 돌아온 것은 딸인 윤금선 뿐이었다. 당연히 부모를 모시고 살았고 아흔둘에 돌아가신 어머니가 고향을 그리며 뼛가루를 송화강에 뿌리라는 유언을 한다. 죽어서라도 고향 합천으로 흘러가 보고 싶다고.

어머니가 그토록 그리던 고향이란 도대체 무엇일까 궁금해져 돌아오고 싶었다. 서울로 돌아온 그는 여든여덟(2017년)의 나이에도 불구하고 한국에서 엄신기공연구가로 제자들을 가르치고 있다.

문화판의 걸출한 욕쟁이 할머니 박의순

배짱 두둑한 박의순은 양평 바탕골예술관 대표다. 서울 동숭동 대학로의 바탕골소극장, 우리나라 소극장 문화의 출발점을 연 사람이다. 그곳에서 박종철 추모제와, 1987년 6월 항쟁이 지나고 억울하게 죽어간 젊은 목숨들의 한을 풀어주는 9일장을 열고 한바탕 굿판을 벌인 당찬 여성이다. 당시 사회 분위기상 안기부의 심한 감시를 욕으로 제압하고 기획한 일들을 거침없이 해낸다. 그가 욕을 하게 된 계기는 바탕골 집을 짓고 허가를 받고 턱없는 송사를 당하고 해결하는 과정에 울분이 쌓여 그걸 풀 방법을 욕에서 찾았다. 낮에 들은 욕을 한밤중에 혼자 연습했고, 욕을 공부하면서 욕의 의미를 알고부터는 악담이 들어간 욕은 변형을 가해 그만의 욕을 만들어서 한다.

그는 본디 화가다. 바탕골이 자리 잡히자 55세라는 늦은 나이에 독일로 유학을 떠난다. 그때 그린 그림으로 바탕골에서 첫 개인전을 연다. 그의 삶 자체가 신명 난 행위예술이라 해도 손색이 없을 정도로 하고 싶은 것은 하고야 마는 추진력과 예술가적 기질을 타고난 걸출한 여걸이다.

황진이보다 더 치열했던 춤꾼 이선옥

개성에서 태어난 이선옥이 춤에 관심을 가진 것은 한국전쟁 때이다. 피난지 부산에서 '이매방 춤연구소'가 그녀가 살던 집 2층에 있었다. 영리하고 궁금증을 참지 못한 아이는 날마다 창문 안 사람들의 동작을 흉내 내는 것으로부터 출발한다. 부채춤과 살풀이와 장고춤을 구경하고 집에 와서는 어머니의 치마저고리를 뒤집어쓰고 너울너울 춤을 췄다. 당시에는 춤에 대한 인식이 좋지 않아 오빠들은 종아리를 때려가며 춤을 추지 못하게 했다. 그러나 어머니만은 이 아이는 이런 짓을 해야만 될 아이라고 오빠들을 말렸다.

본격적으로 무용을 배운 것은 4학년 때 부산에서 서울로 올라온 그는 김백초 무용연구소를 찾아간다. 당차게도 4학년 꼬마가 스승과 협상을 한다. 집에 돈이 없으니 최고로 열심히 춤을 출 것이며 다른 아이들을 가르치는 것으로 교습비를 대신하겠다고 하곤 한국무용과 현대무용을 배운다. 이매방 선생에게는 살풀이춤을 김소희 선생에게는 창을 승무는 한영숙 선생에게서 배운다. 당대 최고의 스승으로부터 고루 춤을 배웠다. 어려서부터 춤에 대한 열정이 대단했던 당돌한 꼬마는 세계적인 춤꾼이 된다. 선무라는 춤을 고안하고 평생 그 춤 안아서 살고 있다.

한 달의 인연으로 영원을 간직한 최옥분 할머니

강릉 출신 최옥분은 한국전쟁이 나던 해 강릉사범에 막 입학한 명랑하고 적극적인 학생이었다. 아버지가 일찍 돌아가셔서 어머니가 옷가게를 꾸려서 생계를 이었기 때문에 진학할 형편이 되지 못했다. 당시 사범학교에 입학하려면 보증인도 세 명 필요했는데 마땅한 사람이 없어서 강릉시장을 직접 찾아가 입학 보증을 받을 정도로 당찬 여성이었다.

전쟁의 참상은 그녀의 인생을 완전히 바꾸어 놓았다. 엄마가 뒷머리에 총을 맞아 피투성이가 되었는데 업힌 아기는 집에 가자고 울고, 어떤 부인이 안노인과 아이를 업고 가야 하는데 둘 다 업고 갈 수 없어서 아이를 전봇대에 포대기로 꽁꽁 동여매면서 너는 누가 데려가 키워줄 것이라며 하염없이 우는 장면은 두고두고 그의 뇌리에서 떠나지를 않았다. 휴전이 되고 낙산사에 고아들을 위한 보육원이 설립되고 보모를 구한다는 소문에 한달음에 달려가 고아들의 엄마가 된다. 그곳에서 청진 출신의 청년 김종후를 만난다. 그는 4개 국어에 능통하고 당시로서는 드물게 자연과학과 인문학을 동시에 공부했던 촉망받는 평론가였다. 그와 결혼을 약속하고 한 달여를 같이 살다 서울의 출판사에 다녀오던 김종후가 교통사고로 죽는다. 결혼도 하지 않고 미혼모가 되어 홀로 딸을 키우며 지상에 없는 한 남자를 50년이나 품고 그리워하며 산다.

『여자전』에 등장하는 일곱 분의 이야기를 간단히 소개하는 형식으로 글을 썼다. 필력이 모자라 전달되지 못한 이야기를 독자들도 읽게 된다면 첫 페이지를 읽고 두 번째 페이지를 읽고, 아마도 책을 다 읽을 때까지 책장을 덮지 못할 것이다. 굽이굽이 휘돌아 갔을 그분들의 인생 여정을 읽어봐야 하는 이유를 이 책 저자의 머리말 한 구절로 대신한다.

꽃도 그렇고 사람 얼굴도 그렇고 자세히 봐야 아름다움의 참모습이 드러난다고 했던가. 고통도 그렇다. 자세히 들여다봐야 아픔이 느껴진다. 얼핏 보면 그냥 갈라진 손가락일 뿐이다. 뜯어진 살점과 흩뿌려진 피와 바들바들 떨리는 입술은 바짝 가까이 다가가지 않으면 보이지 않는다. 독자들이 이분들의 이야기에 바짝 다가앉아 삶의 장엄함을 함께 느껴주기를 간절히 바란다.
나는 이 어처구니없는 이야기를 신세대 페미스트들에게도 읽히고 싶다. 우리 안에 내재한 엄청난 사랑, 포용, 열정을 이 일곱 분을 통해 다시 확인해주기를 빈다. 그 힘과 아름다움이 지금도 여전히 혼돈에 쌓인 이 세계를 구원할 것이라고 나는 믿고 싶다.

오르지 못할 나무는 없다
— 김선화 수필집 『우회의 미』를 읽고

문학을 시대의 창이라고도 하고 시대의 산물이라고도 한다. 그것은 문학작품 속에 묘사된 등장인물들의 행동 양상을 보면서 시대적 배경이나 사회현상을 읽을 수 있기 때문이다.

김선화 작가의 수필집 『우회의 미』도 시대성이 잘 묘사되어 있다. 1960년대 어린 시절을 보낸 작가의 서정이 깃든 풍경이라든가, 1970년대 청소년기에 일했던 산업현장의 기록들은 한 개인의 체험이지만, 그 속에서 당시의 사회현상이나 풍속 같은 것을 읽을 수 있다. 우리나라가 산업화가 시작되던 시기에 청소년기를 보낸 많은 사람들이 가정형편 때문에 학교가 아닌 산업현장에서 구슬땀을 흘렸다. 김선화 작가도 그들 중의 한 사람이었다. 작가의 체험이 작품 곳곳에 스며들어 있어 한 편 한 편 읽다 보면, 나도 모르게 미소를 짓기도 하고, 우수에 젖기도 한다. 어떤 작품은 읽어 내려가다 보면 눈가에 이슬이 맺히고 가슴이 먹먹해져 잠시 숨 고르기로 진정시켰다.

특히 2부 '길 건너 저편'에 수록된 작품을 읽으면서 이 작가가 얼마나 의지가 강한지를 새삼 느꼈다. 그중 표제작이 된 「우회의 미」는 작가가 소나무라는 매개체를 통해 그가 지금까지 살아온 여정을 섬세한 필치로 그려 놓아 읽는 이의 심금을 울린다.

서울대공원 산책길에서 우연히 만난 소나무가 작가의 눈에 들어온다. 기세 좋게 하늘을 향해 솟구쳐 있는 소나무가 아니라 주변 환경 때문에 바로 서지 못하고 땅에 찰싹 붙어 각진 몸뚱이를 하고 누워있는 소나무다. 그 소나무와 마주쳤을 때 작가는 쿵! 하고 강한 충격을 받는다. 소나무는 자신과 너무나 닮아 있다. 바로 서서 자라지 못하고 몸을 틀어 바닥을 기며 살아낸 나무가 곧 작가 자신인 것이다. 동병상련이다.

그래도 어린 소나무는 완전히 꺾이지 않았다. 옆으로 우회하여

숨을 쉬며 새 가지를 살금살금 내밀어가고 있었다. 그렇게 세월 속에서 자신의 자리를 굳히는 지혜도 터득해 나갔을 것이다. 나무와 나무 사이 빼곡한 틈을 비집으며 한 줄기 햇살에 나이테를 키우고 한자락 바람에 표피를 부풀리며 댓잎을 타고 내리는 빗방울 한 모금 한 모금에 갈증을 해소했으리라. 그래서 지금은 성장기의 훼방꾼이었던 조릿대는 베어지고 어엿한 장수나무로 추앙받으며 자신의 일대기를 들려주는 우뚝한 자리에서 지나는 이들의 심금을 울린다.

아래로 줄줄이 있는 동생들의 학업이 걱정되어 누가 시킨 것도 아닌데 자청해서 산업현장으로 간다. 열악한 산업현장에서도 배움에 대한 열망을 놓지 않는 작가는 일과가 끝난 시간 오롯이 자기만의 세계에 든다. 어린 소나무가 댓잎을 타고 내리는 빗방울 한 모금으로 갈증을 해소하듯 그는 책을 읽으며 카네기도 만나고 김소월도 만나며 배움에 대한 갈증을 해소한다.

세상에는 다양한 길들이 있다. 고속도로도 있고 오솔길도 있고, 숨이 턱에 차 헉헉거리며 오르는 오르막도 있다. 내리막이 오르막보다 걷기가 수월하다고 생각하면 오산이다. 숨이 차지는 않지만 까딱하면 미끄러질 수도 있고 경사가 심한 곳은 조심하지 않으면 가속이 붙어 구르는 수도 있다. 작가는 어린 나이임에도 불구하고 길들의 특성을 파악하고 자기가 가야 할 방향을 잡는다. 앞으로 나아가야 할지 후퇴하여 돌아가야 할지를.

열다섯 소녀가 육촌 언니의 아기를 봐주러 간 「길」, 아무도 그 길을 가라고 한 사람은 없다. 줄줄이 달린 동생들의 미래를 위해 누구라도 멍에를 짊어져야 한다면 그것이 자신이라는 생각을 했기 때문에 그 길을 따라갔다. 동생들을 보는데 이골이 난 작가지만 낯선 도시, 낯선 환경에서 연년생 아기를 돌보는 일은 쉬운 일이 아니었다고 술회한다. 그래도 이웃의 열 살짜리 여자아이가 애보개로 와서 갖은 구박을 받는 것을 보고 자신은 열다섯 살이니 어른이라고 생각한다. 그가 위안을 삼는 것은 산마을에 부모님을 비롯한 따뜻한 가족이 있고, 홀로 잠자리에 들기 전 그때그때 일어난 상황과 심정을 글로 쓰면서 자신을 세우는 일이다. 나는 이 대목에서 사춘기의 내가 오버랩 되었다.

상황은 다르지만 나도 열다섯 중학교 2학년 때 마음고생을 한 적이 있다. 큰조카가 태어난 지 칠 년 만에 둘째 조카가 태어났다. 딸 하나만 낳고 동생이 생기지 않아 걱정하던 차에 아들을 낳은 것이다. 집안의 경사라고 근처에 사는 육촌 올케언니가 와서 산후조리를 해줬다. 그 기간이 일주일 정도

밖에 되지 않았다. 이후 올케가 몸을 회복할 때까지 집안일을 거들지 않으면 안 될 처지가 된 것이다. 그때 학교에서는 합창대회를 앞두고 한창 합창 연습을 하고 있었다. 합창 연습으로 늦게 집에 가면 올케언니는 할 일이 태산인데 빨리 오지 않았다고 타박을 했다. 대회가 코앞이라 막바지 연습에 빠질 수 없었다. 반마다 우승을 향한 경쟁이 치열했다. 학교 갔다 와서 집안일을 하는 것이 힘에 부쳐 다음날 수업 시간에 꾸벅꾸벅 졸기 일쑤였다.

늦둥이인 나는 아버지의 환갑잔치를 치르고 서울로 돌아오는 오빠를 따라왔다. 가난한 시골의 장남은 동생들을 책임져야 한다는 책임감에 5학년인 나와 3학년인 동생을 데리고 온 것이다. 우리들의 생활비와 학비는 말단 공무원인 오빠가 부담했고 아버지는 가끔 보탤 뿐이었다. 그것 때문에 올케언니의 기세는 등등했다. 오빠 집이지만 얹혀산다는 것은 별일 아닌 것에도 눈치가 보이고 때로는 서글플 때도 있었다.

객지 생활이란 것이 그런 것이다. 괜히 눈치 보이고, 별것 아닌 작은 일에도 복받치는 서러움이 올라온다. 김선화 작가도 「흐르지 않는 강」에서 객지 생활의 고달픔과 설움을 토로한다.

누이는 잔설이 깔린 큰길로 뛰쳐나왔다. 설움에 겨워 성산대교를 건너고 김포가도를 걸으며 속말을 게웠다. 눈물이 흐르다가 볼 아래로 고드름이 맺혔다. 그래 봬도 명색이 그 분야에서 내로라하는 샘플사다. 롯데백화점이고 신세계백화점이고 그녀가 만든 옷이 선을 보여 인정을 받아야만 공장을 돌릴 수 있었다. 그러다 보니 새로운 디자인이 잡히는 날은 신경이 곤두서기 마련, 샘플도 중요하고 생산량도 긴급하여 손이 열 개라도 모라랄 판이었다. 그날도 여사장의 독촉에 그만 감정이 격해 손가락이 노루발 밑으로 들어갔다. 순식간에 재봉틀 위엔 선혈이 낭자하고 동강난 바늘의 파편들이 옷 솔기를 파고들었다. 불과 예닐곱 살 위의 여사장은 어설퍼진 직원의 손놀림에는 눈길조차 주지 않고, 생산해내야 하는 물량만 계산하기 바빴다.

—「흐르지 않는 강」 중에서

이 정도의 부상이면 당장 병원으로 달려가야 할 일이지만, 눈길조차 주지 않는 사장이 야속하기만 하다. 그걸 참고 일했을 작가의 아픔과 서러움이 고스란히 전해진다. 이쯤 되면 신세 한탄이 나올 법도 한데 그런 넋두리는 없다. 누구를 위해 희생한다는 생각을 하면 억울한 마음에 넋두리가 나오겠지만 당연히 해야 할 일이라고 생각했기 때문에 그런 마음조차 먹지 않은 것이다. 그리고 작가에게는 산마을에 따뜻한 부모님과 자기 자리에서 본분에 충실하면서 나름대로 열심히 살고 있는 동생들이 대견할 뿐이다.

딛고 올라설 발판도 없이 온몸으로 세상이란 언덕을 오르는 것은 힘겨운 일이다. 하루 열두 시간의 근무는 선망에 불과했고, 밤 열 시가 되어야 끝나는 일과에도 늦은 시간까지 책을 읽거나 검정고시 공부를 하며, 배움에 대한 열정과 끈을 놓지 않는다. 오늘날 그가 일궈낸 결과물들은 그런 그의 열정이 만들어낸 결정체라는 것을 증명한다. 다수의 수필집과 시와 동화, 청소년소설까지 장르를 넘나들며 왕성하게 활동하고 있다. 일찍이 그의 어머니가 "오르지 못할 나무는 쳐다보지도 말라."며 작가의 기를 눌렀지만, 그의 의지는 꺾지 못했다. 그는 보란 듯이 '오르지 못할 나무는 없다.'는 것을 몸소 보여 주고 있다.

문학과 삶에 대한 김선화 작가의 열정에 경의를 표한다.

서평

알분이를 위한 에세이

— 권혜선 론

문학평론가 **이상렬**

서평

알분이를 위한 에세이

―권혜선론

문학평론가 이상렬

들어가며

'내 깜냥만큼만 쓴다.' 「작가의 言」에서 그녀가 한 말이다. 더도 말고 덜도 말고 딱 작가 모습을 보았다. 수필은 곧 작가의 현현(顯現)이며 기본 형식은 자기 고백적이다. 자아 바깥을 향한 탐구가 아니라, 수필가 자신을 드러내는 나 자신에 관한 것이다.

사실, 나는 쓰기보다 읽기를 좋아한다. 잘 쓰지 못하기 때문이다. 못 쓴다고 수필을 좋아하지 말라는 법은 없다. 사랑하면 가까이 있고 싶다. 뭔가에 홀린 사람처럼 늘 수필 작품을 대했고, 읽은 후 습관적으로 감상의 글을 남기게 되었다. 그것이 작가에 대한 예의라는 생각 때문에서다. 내 앉은 자리에서, 수필 한 편을 통해 한 사람과 마주한다는 게 퍽 의미 있는 일이지 않은가. 이것은 한 번밖에 살 수 없는 인간이 여러 번 살아보는 방법이라는 것, 인생의 정답은 하나가 아니라는 것, 가상이 아닌 실상에서 다양한 삶의 가치를 조명해 볼 수 있다는 점에서 내 삶을 더 깊이 있고 풍성하게 하는 것 같다.

  본문을 면밀히 읽는다는 것은 작가의 삶을 자세히 들여다보는 것과 같다. 그러나 한 사람의 생애를 단번에 규정할 수 없다. 문학작품이 그렇다. 자유분방하며 총체적이다. 따라서 하나의 작품을 앞에 두고 다각적인 접근 방식이 필요하다. 수필 한 편을 사람의 몸에 빗대어 생각해 보면, 우리가 사람을 대할 때 저마다 자신의 관심사에 따라 다르게 본다. 눈을 가장 먼저 보는 사람이 있고, 얼굴을 먼저 보는 사람이 있고, 어떤 이는 몸 전체를 훑어보는 사람도 있을 것이다. 즉, 내가 보고 싶은 대로 보는 것이다. 하지만 그보다 더 중요한 결정이 있다. 그것은 그 사람만의 차별성이다. 특별히 잘생겼다든지, 특별히 다르다든지, 특별히 흥미롭다 싶은 곳이 가장 먼저 눈에 들어오게 된다. 수필 작품도 다르지 않다. 내 관심이 머무는 곳에 어쩔 수 없이 시선이 간다고는 하지만 이 작품에서 특별히 부각되는 요소, 즉 의외성이나 새로움이 더할 때, 그 작품은 우리에게 매력으로 다가오기도 한다. 그 매력은 '내 깜냥만큼'이라도 충분하다.

1. 첫 만남, 그녀를 위한 에세이

권혜선 작가, 현란하지 않으면서 확실한 자기만의 세계를 지니고 있다. 은근한 해학을 담은 표현 방식은 미소와 아픔을 동시에 지녔다. 그녀를 만났다. 평을 위한 것만은 아니다. 한 번도 대면하지 않는 첫 만남의 설렘을 안고 마주했다. 에세이스트 제66호 p199, 한 지면을 다 차지한 사진 속 작가 앞에 예를 갖추고 앉았다. 오른손에 커피 한 잔이 들려있었고 검정색 블라우스가 그녀의 하얀 미소를 더욱 돋보이게 했다. 그 후로 나는 그녀와 다섯 번을 만났다.

첫인사는 「어에꼬」로 나누었다. 분명 첫인사라고 했는데…. '무거운 침묵'이 흘렀다. 때로는 소리 없는 언어가 가슴을 칠 때가 있다. 육촌 올케의 말 "그때 아재가 도련님 신발을 가슴에 품고 통곡하는데 실성한 사람 같드마." 이 말을 옮길 때는 그녀의 눈에는 눈물이 흐르고 있었다. 첫 만남, 그녀는 상처 입은 속살을 내보이지 않으려 애를 쓰고 있었지만 절제된 어휘와 감정 속에 그렁그렁 매달려 있는 더 큰 감동을 보고 말았다.

다음 날, 「알분이」를 통해 두 번째 만남이 이루어졌다. 한 번 시원하게 울고 나면 부끄러운 외피가 벗겨지고 속내가 드러나 더 친해질 수 있다는 것을 알았다. 어제보다 훨씬 생기가 있어 보였다. 흥미로운 점이 있다면, 대화 중 한 번씩 불쑥 끼어든다는 것. 싫지 않았다. 어제의 그 무거운 침묵은 온데간데없다. 본격적으로 수다를 떨기 시작했다. 제스처까지 자연스러웠으며 나는 어느 순간 대화의 주도권을 빼앗겼다. 잔 속에 커피를 한 번 더 채우더니 자세를 바로잡고 나서 수다의 강도를 더 높였다. 마치 '양기가 입으로 올라온' 사람처럼, 저러다가 '다음날 몸살을 앓기'라도 하면 어쩌나 싶을 정도로 대화의 열을 올렸다. 긴 한숨을 쉰 후 이야기가 끝났다. 그녀는 이다음의 말을 남긴 후, 자리를 떴다. 아니, 내가 먼저 떴다.

"나이 들수록 양기가 입으로 올라와 말이 더 많아진다는데, 나 같은 사람은 품위 있게 조곤조곤 말하기는 이 生에서는 그른 것 같다."

작품 「왜 키가 작아요」로 세 번째 만났다. 지금까지 다소 곳이 앉은 자세였다면 오늘은 처음으로 의자에서 일어섰다. 체구가 아담하다는 것은 직감했지만 생각보다 더 아담(?)했다. 나도 모르게 "작가님은 왜 키가 작아요?"라고 말할 뻔했다. 순간, 내 생각을 읽었는지 '내가 작아서 만만하게 보이나.'는 표정으로 나를 아래위로 훑어보았다. 그때 그녀의 남편이 어디선가 나타나 버럭 소리를 질렀다. "당신이 데리고 살 것도 아닌데 웬 참견이야."

난 단언컨대 입 밖으로 작가의 키에 대해서 말한 적이 없다. 오히려 나는 키 작은 사람을 좋아한다. 사람들은 키 큰 사람만 보면 열광하지만 이런 규정은 누가 만들었는가. 키 작은 것이 흠이 아니듯이 키 큰 것도 자랑거리가 못 된다. 큰 키, 대체 허우대가 그게 뭔가. 마치 식당 앞에 세워놓은 바람 인형처럼 허우적대는 모습이 먼저 떠오른다.

나는 작가를 한 번도 본 적 없지만 기왕 키 이야기가 나왔으니 야무진 자태를 미루어 짐작해 볼 수 있다. 여고 시절 큰 가방을 들고 버스를 기다렸을, 그 옛날 「어에꼬」엄마의 심부름에 새참을 이고 들녘 길을 걸었을, 물동이를 머리에 이고 노을 드리워진 느티나무 옆길을 돌아 내려왔을, 어두운 골목길 어귀에서 늦게 귀가하는 자녀를 기다리고 있었을 그 작은 키가 얼마나 차분하고 당당했겠는가. 작은 신장, 적어도 그 모양새만큼은 50년을 서 있어도 차라리 흔들리지 않을 안정적인 자세, 투색할 줄 모르는 반석처럼 여물딱지고 끄떡

없는 지조, 가히 무개념자들이 마구 던지는 세파의 소리를 이겨낸 건고함이 아닐 수 없다.

　네 번째 만남은 네 번째 작품「큰일 낼 여자」로 작가의 집에서다. 어제의 '키에 대한 논쟁' 때문에 미안했던지 저녁을 대접하겠다며 나를 자신의 집으로 초대했다. 생선조림이 끓고 있었다. 정작 본인은 "스마트폰을 가지고 거실 소파"에 앉아 있다. "소파에 앉아 게임을 시작하는 순간 생선조림은 안드로메다로 떠났다." 곧이어 그녀의 남편이 퇴근하고 집으로 들어왔다. 한 여자의 키에 대한 오해로 두 남자는 서로 멋쩍어하며 인사를 나누었다. 순간, 어디선가 생선 타는 냄새가 났다. 그녀의 남편이 말한다. "이게 무슨 냄새야." "응, 아래층에서 생선 태우나 봐." "그럼 이 연기는 뭐야." 거실에 연기가 자욱했다. 지금 소파에서는 알분이라는 별명을 지닌 끼어들기 잘하는 여자가, 키도 별로 크지 않는 한 여자가 자욱한 연기에도 요동하지 않고 게임에 열중이다. 그녀는 정말「큰일 낼 여자」다.

　다섯 번째 만남이다. 오늘은 야외다. 작품「시동생의 주말농장」이다. 아무 말 없이 작가의 주말농장 생활을 지켜보기로 했다. 시동생의 주말농장에서 농사를 지은 지 4년째다. 옆 농장과는 달리 고집스럽게 유기농법으로 농사를 짓는다고 하니 만만치 않을게다. 시동생과의 전화 통화를 엿들었다. "상추 모종을 너무 적게 심은 것 같네요. 상추 씨앗을 좀 뿌렸으면 좋겠어요. 열무도 심어야죠." 시동생의 주말농장에서 "모종값도 주지 않고 씨앗 한 봉지도 사주지 않으면서 내가 원하는 것을 당당하게 주문"하는 작가의 당당함은 알분이의 본성과 작음에 대한 지조와 무관하지 않으리라.

마지막 만남이다. 잠시 허공에다 둔 시선을 찻잔에다 옮긴다. 얼굴에 옅은 고랑을 그리며 웃음 지어 보인다. 미소가 그윽한 걸 보니 참 잘 왔다 싶다. 「다시 시작이다」를 통해 작가는 마지막 말을 남기고 인사를 고했다. "전처럼 포기하지 않을 것"이라는 짧은 말 한마디가 참 깊게 다가온다.

2. 수필에서 자기 드러내기

문학은 다양성과 상상의 토양 위에서 움튼다. 우리가 가장 경계해야 할 것은 창작방식을 규격화된 틀 속에 짜서 가두고 고정시키려는 시도다. 이런 문학의 배경 속에서 수필이 가지는 포지션은 타 장르에 비해 협소할 수밖에 없다. 그것은 수필의 장르적 특징 때문이다. 수필의 가장 기본적인 특징이 바로 자기 고백적 글쓰기다. 즉, 일인칭 화자가 자기 자신에 대해서 말하는 방식을 말한다. 여기에는 여러 제약이 따른다. 사실과 대상을 명확하게 보이도록 드러내는 것, 나를 말한다는 것, 내 인생을 통째로 드러낸다는 것은 수필의 고유한 속성이기도 하지만 동시에 표현 방식에 있어서는 제한적이다. 이런 이유로 다양한 표현 기법, 문제적이며 자극적인 접근, 현란한 상상력이라는 문학의 본질 앞에서 위축될 수밖에 없다.

그런데 더러는 수필의 고유성을 살리고, '수필다움'에 충실할 때 오히려 경쟁력이 있다는 것을 보여 준 사례가 있다. 그것은 '대놓고 말하기'다. 가장 원초적인 나 드러내기 방식을 취하는 순간, 비문학적이라는 괄시를 받기도 하지만 바꿔 생각하면 이것은 오히려 수필의 올곧은 속성이며, 수필다운 세계를 말해주는 것이다.

한 작가의 수필 작품 3~4편 정도를 읽게 되면 작가의 세계관이 어느 정도 밝혀진다. 열매를 보면 나무를 알 수 있듯이 작품을 통해서 작가의 문학적 모국어와 언어의 토양이 어디서부터 인지를 알게 된다.

오늘 권혜선 작가를 가장 잘 말해주는 작품이 「알분이」다. 작가는 작품에서 화자 자신을 중심 화제로 삼았다. 작가가 체험한 사실을 진술하되 있는 그대로를 표현했다. 작가는 스스로를 '알분이'라고 만천하에 선언한다. 알분이는 아는 척 나서는 사람을 가리키는 경상도 사투리다. '나이 들수록 양기가 입으로 올라와 말이 더 많아진' 작가는 터져 나오는 끼어들기 본능을 억누를 수 없었다. 그다음 날 몸살을 앓을 정도로 혼신의 힘을 다해 수다를 떨어야 직성이 풀리는 캐릭터다. 수필 공부시간에 모두가 집중하는 순간, '도대체 수다를 멈출 수 없는' 알분이 본성이 슬그머니 기어 나와 강사의 말을 끊고 툭 치고 들어간다. 때문에 문우에게 핀잔을 받기도 한다는 내용을 질펀한 감정에 치우침 없이 사실 그대로를 묘사했다.

작가의 끼어들기 역사는 더 오랜 세월로 거슬러 올라간다. 그녀가 초등 1학년이었던 겨울, 마을 사람들이 둘러앉은 언니의 방에서다. 어린 작가도 그들 사이에 끼어 앉았다. 대화가 한 창 무르익고 있을 즈음, 알분이 본성을 억제할 수 없었던 아이는 대화를 끊고 끼어들고 말았다. 금세 분위기는 얼어붙고 한 사람 두 사람 그 자리를 떴다. 분명한 것은 뭐든 끼는 것은 고수다. 그게 자리든 말이든.

이처럼, 자기 노출은 수필에 있어서 일말의 숨김없이 내면을 솔직하게 드러내므로 자신에게 가장 진실하게 도달할 수 있다. 따라서 자기 고백의 핵심은 노출이다. 그렇다면 여기서 한 가지 고민이 생긴다. 그것은 노출의 수위다. 수필 표현의 특성상 작가의 품성이 직접 노출되기에 표현이 신중할 수밖에 없다. 과도하게 꾸미면 진실의 순도가 떨어지고, 노골적이면 치부가 드러나고, 자랑이라도 했다간 몰매를 맞는다. 이것이 수필의 한계인 동시에 매력이기도 하다. 다 표현하지 않은 매력. 그래서 택한 표현 정신이 바로 '절제'다.

절묘한 것은 작가의 '대놓고 드러내기'는 노골적이지 않다는 점이다. 절제의 토양을 스스로 닦아 두었다. 명료하지만 그렇다고 가볍지 않았고, 객관적이지만 결코 함부로 드러낸 것은 아니다. 지나친 탐미는 진실을 은폐하고, 노골적 노출은 헤프다는 소리를 듣는다. 작가의 드러내기 방식은 은폐와 노출 사이에서, 때로는 간당간당하게, 때로는 절묘하게 절제의 줄을 타고 있다.

알분이의 한 장면이다.

그러던 어느 날 일이 터지고 말았다. 여느 날과 마찬가지로 나는 그들의 대화에 끼어들어 무슨 말인가를 쫑알거렸다. 그런데 갑자기 대화가 끊기며 방안의 분위기가 싸~아해졌다. "니는 아는 것도 많다. 알분이가 따로 없다. 따로 없어." (…) 그날 이후 우리 집에 자주 놀러 오는 사람들은 내가 무슨 말만 하면 '알분이'라고 놀렸다. 언니가 결혼하며 집을 떠나자 사람들도 우리 집에 모일 이유가 없어졌다. 자연히 '알분이'도 잊혀졌다.

    여기에서 작가는 여러 사람들의 대화 속으로 끼어들어 쫑알거렸던 그 강력한 말이 무엇인지 독자는 알 수가 없다. 뿐만 아니라 수업 시간에 강의에 끼어들어 이야기의 맥을 끊어 놓았던 말이 무엇이었는지 궁금하다. 도대체 어떤 말이었기에 동료에게 핀잔을 듣고, 언니에게 등짝을 후려 맞았을까. 아무도 모른다. 그래서 더 애달게 만든다. 그런 것 같다. 사람이든 글이든 가장 아름다운 순간이 절제할 때다.
    근데, 절제의 기본적인 환경이 있다. 그것은 자기 객관화다. 사람은 본디 치료할 수 없는 자기중심적인 존재다. 즉 주관적일 수밖에 없다는 것이다. 따라서 자기를 객관화해서 본다는 것은 결코 쉬운 것은 아니다. 누구든 자아가 타자가 아닌 이상, 나를 정확하게 본다는 것은 불가능한 일이다. 근데, 작가가 취한 방법을 보라. "안 선생의 충고에 따라 그 다음 수업 시간에 녹음을" 했을 정도다. 즉 자신을 객관화시키기 위해서 자신은 행동을 재생했다는 거다. 이 장면이 이 작품의 숨겨진 백미다. 자신을 객관화시키기, 타인의 시선으로 나 자신을 보기 위해서다. 내가 나를 보는 것이 아니라 타인의 관점에서 보고 싶어서다. 어땠을까? "얼굴이 화끈거리고 손발이 오글거릴" 정도로 낯선 자신을 보게 된 것이다. 엄청난 용기다.

이제 남은 건 독자가 상상하는 인물의 성격이다. 알분이라고 하지만 그렇다고 무례하다거나 되바라지지도 않았다. 자신을 '알분이'라 "충고해준 사람의 성의를 봐서 언짢은 티를 내면 안 된다."는 것도 아는 알알이 속이 꽉 찬 사람이다. 끼어들기! 경우에 따라서는 자칫 헐렁해질 수 있는 대화의 흐름을 바짝 잡아당겨 긴장감을 주거나, 밍밍한 맛 나는 분위기에 톡 쏘는 양념 같기도 하다. 상대의 말꼬리를 잡아 확한 번 쏟아내고 싶어 근질근질한 작가의 주춤새를 상상해 보라. 깨끗한 백지 같은 표정을 짓고 있는 아이의 모습이 떠오른다.

3. 수필, 생활의 언어

최적화된 수필 언어가 존재하는 걸까. 눈에 포착되는 대상을 언어로 재현하기 위해서 안간힘을 쓸수록 언어의 한계를 느낀다. 대상을 언어체계로 정확하게 드러낸다는 것은 궁극적으로는 불가능하기 때문이다. 사실, 미적 표현뿐만 아니라 세계에 대해서 정확한 표현을 위해서라도 시적 접근보다 산문이 본디부터 더 적합하다는 것이다. 진실에 가까이 다가가려고 애를 쓰면 쓸수록 우리의 언어는 산문적일 수밖에 없다. 산문 언어란 객관적 언어를 말한다. 즉 생활 속에서 사용하는 가장 일상적 언어를 말한다.

쇼펜하우어는 「문장론」에서 이렇게 말했다.

이 결점의 성격은 주관적이다. 주관적이라는 의미는 어떤 문장이 담고 있는 뜻을 오직 문장을 만들어낸 작가만이 이해할 수 있고, 또 작가만이 만족할 수 있다는 의미이다. 이들은 자신의 글에 대해 독자 스스로 방법을 터득해 이해하라고 종용한다. 즉 혼잣말로 떠들 듯 독자를 무시하고 글을 쓴다. 붓을 잡은 이상, 독자와 대화하는 식으로 글을 써야 마땅하다. 비록 대화에 비유했지만 나의 말에 대답해줄 사람이 없다고 이쪽에서 일방적으로 이야기하는 식이 되어서는 안 된다. 오히려 더욱 명확하게 표현해야 할 의무가 있다.

주관적인 문체를 피하고 되도록 객관적인 언어를 사용하라는 메시지다. 그렇게 본다면, 수필 언어는 근본적으로 대상을 있는 그대로 전달하려는 객관적인 언어를 추구한다. 따라서 수필의 언어는 생활의 언어, 대중적 언어와 가장 가깝다. 권혜선의 수필은 생활언어의 표현 방식을 그대로 사용하고 있다. 우리가 제일 주의해야 할 것이 표현은 화려하고 어려운데 정작 내용이 없는 글이다. 평소에 말하듯 사용하는 일반적인 언어가 가지고 있는 본래의 속성에서 애써 벗어나지 않고서도 대상의 인식에 가닿기에 충분하는 것을 권혜선은 보여줬다. 작가의 수필문체는 표현이 쉽다. 그렇다고 가볍지 않다. 그 속에 삶의 깊이가 있고 진솔함이 있기 때문이다.

「어에꼬」의 한 장면이다.

내가 자리를 털고 일어났을 때 언니는 집안 어디에도 보이지 않았다. 나는 언니의 부재에 대해 묻지 않았고 또 집안사람 중 누구도 언니에 대한 이야기는 하지 않았다. 마치 언니란 존재는 처음부터 없었던 것처럼, 일곱 살 아이에게 죽음의 이미지는 그렇게 각인되었다. 죽음은 무거운 침묵 같은 것, 그 사람에 대해서 아무도 얘기하지 말라는 어떤 존재의 명령 같은 것이었다. 무거워서 견디기 힘들지만 절대로 거역해서는 안 되는 그 명령을 우리 가족들은 엄숙하게 지켜갔다.

언니의 죽음을 알게 된 가족의 분위기다. 작품 중 가장 무겁고 슬픈 장면이다. 가족의 분위기와 작가의 심리 상태를 명확하게 드러내는 부분이다. 이 순간 작가의 언어운용은 차가울 정도로 차분하다. 비유로 덮지 않았고 탐미적 만용도 부리지 않았다. 가능한 담백하고 명확하게, 간결하게 표현했다. 내용이 보이지 않을 만큼 어휘를 휘두르지 않았다. 보석은 꾸민다고 가치가 더해지는 게 아니다. 원래부터 보석은 보석이다. 사상은 작가의 깊이에 의한 것이지 아름다운 문체에 의해서 만들어지는 것이 아니다. 좋은 사람이 좋은 글을 쓰는 것이지 좋은 글을 썼다고 좋은 사람이 되는 것이 아니다. 이것이 수필이다. 그래서 수필은 '쓰기'보다 어렵다.

「어에꼬」의 마지막 장면이다.

그러나 이후에도 나는 엄마에게 오빠에 관해서 묻지 못했다. '어에꼬, 어에꼬' 비명처럼 신음처럼 터져 나오던 엄마의 음성이 나를 제지했던 것 같다. 엄마가 언니와 오빠를 만나러 가신 지도 6년의 되었다.

작가는 마지막 장면에서 극도의 절제력을 보였다. '절반은 전체보다 낫다' 헤시오도스가 말했듯이 글쓰기도 경제적 원리를 따른다. '최소 단어로 최대 감동을 전달하기'다. 모든 위대한 작가들은 다량의 사상을 표현하기 위해 소량의 언어를 사용했다. 이것은 함축을 뜻하는 것이 아니라 간결함을 두고 하는 말이다. 함축은 의미를 숨기는 것이며, 간결함은 의미를 짜임새 있게 드러내는 것이다. 작가는 이 마지막 장면에서 가장 객관적이고 소박한 언어로 끝을 맺었다.

특히 이 장면은 정서적인 감정을 절정으로 끌어 올릴 때다. 이때 작가의 어휘와 감정은 너무나 담담하다. 정상에 다 달았을 때는 짙은 안개를 걷어내야 한다. 그것은 순간의 진실을 드러내기 위해서다. 진실은 간결하게 표현될수록 독자에게 깊은 감동을 전달한다. 다 말하고 싶으나 다 말하지 않는, 꾹 참고서 최소한의 묘사와 소량의 언어로 여운을 남기고 끝을 맺는다. 그래서 더 애잔하다.

4. 대중성과 전문성

문학은 독자들을 글에 빠지게 만들어야 한다. 독자 없는 문학은 문학으로서 존재가치는 없다. "난 독자를 의식하지 않아." "내 본능대로, 내 욕구대로 글을 써."라며 자기만의 글을 고집하기도 한다. 소위 자기 전문성이라는 것이다. 그러나 전문성이 대중성을 확보하지 못하면 자기 감상에 갇히기 쉽다. 아무리 발상이 새롭다 해도 나 혼자 웅얼거리는 소리라면 그것은 기괴함에 가까운 것이다.

전문성이 대중성의 동의를 얻지 못한다면, 또 독자를 배려할 마음이 전혀 없다면, 일기장에 혼자 써서 제 혼자 즐기고 만족할 일이지 왜 죽으라고 작품을 발표하려드는가. 어차피 글을 쓴다는 것 자체가 자기 욕구의 표현이다. 표현이란 대상(독자)을 전제한다. 그 누군가에게 표출하고자 하는 욕구는 언제나 내 안에 존재한다. 따라서 작가는 독자를 의식할 수밖에 없으며 내 글이 독자에게 읽혀지기를 사모함이 옳다.

권혜선의 작품은 대중성을 확보했다. 다섯 작품 중 「알분이」와 「왜 키가 작아요」 「큰일 낼 여자」은 얼마든지 경쟁력을 지닌다. 작가는 「왜 키가 작아요」를 통해서 키 작은 자의 애환을 재치 있게 표현함으로 독자를 자기 편으로 만들었다.

키가 작다고 말하는 공중화장실에서 만난 예닐곱 살 꼬마와 아이와 벌이는 실랑이를 보라.

괘씸한 녀석 나보고 키가 작다고 했겠다, 물 묻은 엄지와 검지를 둥글게 말아 손에 묻은 물을 녀석에게 튀겼다.

"뭣이라고, 요 녀석아. 어른이 키가 작을 수도 있지."

"나한테 왜 물 뿌려요오?"

녀석이 으르렁거리며 대든다. 내가 작아서 만만하게 보이나, 예상 밖의 반응에 오히려 내가 당황스럽다. 어린아이와 싸울 수도 없고, 녀석이 울음이라도 터트릴까 봐 한번 째려보고 허둥지둥 화장실을 나와서 빠른 걸음으로 그곳을 벗어났다.

이 장면에서 "괘씸한 녀석 나보고 키가 작다고 했겠다." "내가 작아서 만만하게 보이나." 이런 표현 기법은 작가가 혼자 하는 말이다. 연극으로 치면 상대 역할의 배우는 이 말을 못 듣는다. 나의 이야기를 관객만 듣는다는 말이다. 방백효과라고 한다. 이것은 관객(독자)과의 일체감을 노리는 효과다. 지금 작가 권혜선의 혼자 하는 이 말을 통해서 독자와 한 편이 된 것이다. 작가는 지금 독자의 마음을 빼앗은 것이다.

또, 「큰일 낼 여자」에서 작가가 게임 삼매경에 빠져서 "가스 불을 끄지 않아 소방차가 출동할 뻔했던 사건"은 정말 흥미만점이다. 이 작품 마지막 문장에서 집안을 홀라당 태워버릴 수도 있는 위험천만한 일을 저지르고도 아직 정신을 차리지 못한 작가의 말을 들어보라.

'무료할 때 시간 때우기에는 게임이 딱인데.'

얼마나 얄미운가. 읽는 순간, 작가를 찾아가서 손에 들려 있는 스마트폰을 확 빼앗고 싶은 충동이 생겼다. 지금 확실한 독자 한 명 확보한 셈이다.

나가며

다섯 작품을 통해 만난 작가 권혜선, 그녀는 멋없는 지성과 날카로운 논리로 문학을 휘두르는 심판자가 아니었다. 들판, 연기 나는 거실, 농장, 길 위에서 언어를 채취하고 약간의 불완전함과 더불어 사는 작가다. 그녀가 지닌 수필 어휘의 때깔은 자극적이라든지 충격적이지도 않았고, 하류의 물살처럼 천천히 흘렀다. 그녀의 언어에 귀를 가까이 갖다 대 보면 끙끙 앓는 소리도 들리고, 긴 한 숨소리도 들리고, 노트북 밀쳐놓고 책상에 엎드려 자면서 내는 코골이 소리도 들린다. 또 그녀의 해학 속에는 단순히 미소만 있는 것이 아니다. 용기도 있고, 아픔도 있고, 분노도 있다. 때로는 침묵할 줄 알고, 때로는 단호한 결의를 보일 줄도 안다.

언니와 오빠의 죽음 앞에서 아무 말도 할 수 없었던 침묵의 유년 시절이 얼마나 무거웠기에 꿈에서조차 알분이가 아닌 삶을 생각해 보지 않았을 작가, 이제 자기 안에서 꿈틀대고 있는 아름다운 오지랖은 그녀와 혼연일체가 되었다. 그녀는 딱! 알분이다.

권혜선 수필집
어린것들은 예쁘다

2024년 7월 30일 초판 1쇄 발행

지은이 권혜선 | 펴낸이 김은영 | 펴낸곳 북나비
출판신고 2007년 11월 29일 제380-2007-00056호
주소 04992 서울시 광진구 자양로9길 32 4층(자양동)
전화 (02)903-7404, 팩스 02-6280-7442
표지 gettyimagesbank
booknavi@hanmail.net
블로그 www.booknavi.co.kr

ⓒ 권혜선 2024
ISBN 979-11-6011-132-3 03810

※ 이 책의 저작권은 저자에게 있으며 출판권은 북나비에 있습니다.
※ 이 책의 전부 또는 일부를 이용하시려면 저작권자와 북나비의 동의를 받아야 합니다.
※ 책값은 뒤표지에 있습니다. 잘못된 책은 바꾸어 드립니다.